ÉTUDE

CONCERNANT

LA LOI FÉDÉRALE SUISSE

DU 25 JUIN 1891

SUR LES RAPPORTS DE DROIT CIVIL

DES CITOYENS ÉTABLIS OU EN SÉJOUR

PAR

Armand LAINÉ

Professeur à la Faculté de droit de Paris.

(Extrait du *Bulletin de la Société de Législation comparée.*)

PARIS

LIBRAIRIE COTILLON

F. PICHON, SUCCESSEUR, ÉDITEUR

Libraire du Conseil d'État et de la Société de Législation comparée

24, Rue Soufflot, 24

1894

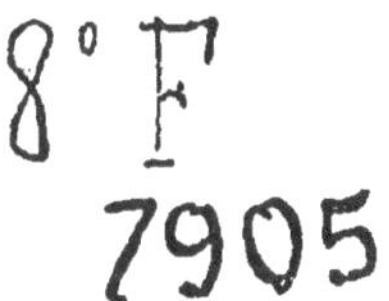

ÉTUDE

CONCERNANT

LA LOI FÉDÉRALE SUISSE

DU 25 JUIN 1891

SUR LES RAPPORTS DE DROIT CIVIL

DES CITOYENS ÉTABLIS OU EN SÉJOUR (1)

Sous une rubrique un peu obscure pour nous, la loi fédérale suisse du 25 juin 1891 est relative aux citoyens qui, originaires d'un canton, ont transporté dans un autre canton leur domicile; elle résout les conflits de lois, de juridictions et d'autorités cantonales que cette situation fait naître. Mais ce n'est là que son objet principal; elle statue également sur les difficultés de même nature qui proviennent soit de l'établissement des Suisses en pays étranger, soit de l'établissement des étrangers en Suisse. En d'autres termes, c'est tout d'abord et surtout un règlement de droit intercantonal, et c'est aussi, sur un plan secondaire, un règlement de droit international. D'autre part, dans l'un et l'autre de ces deux domaines, elle n'embrasse pas, comme son titre paraît l'indiquer, tous les rapports de droit civil; elle ne touche qu'à certaines matières du droit des personnes, qui sont la capacité, l'état civil, la puissance paternelle et la tutelle, au régime matrimonial et au droit successoral. Il convient, d'après cela, de diviser cette étude en deux parties : l'une pour le droit intercantonal, l'autre pour le droit international.

(1) La loi fédérale du 25 juin 1891 a été insérée, avec notice et notes sommaires, dans l'*Annuaire de législation étrangère* de 1892, p. 664. — Le présent travail a été composé d'après les documents dont l'auteur a dû la communication à l'obligeance de M. Renault, savoir : les trois projets de loi, les trois messages et un rapport, en date du 8 juin 1891, du Conseil fédéral; un discours de M. Friderich, membre de la commission du Conseil

PREMIÈRE PARTIE.

Le Droit intercantonal.

La diversité des lois suisses et le conflit qui s'élève entre elles. — I. Historique de la loi : Le pacte fédéral de 1815 ; les concordats de 1822 ; pourquoi la prépondérance y fut donnée à la loi d'origine. — La Constitution de 1848 ; comment elle porta atteinte à la souveraineté législative des cantons et donna lieu de croire qu'elle autorisait le pouvoir fédéral à résoudre par une loi le conflit des lois cantonales ; projet du 28 novembre 1862, repoussé par le Conseil des États. — La Constitution de 1874, articles 46 et 47 ; projet du 25 octobre 1876, repoussé par le Conseil national en 1879 ; projet du 28 mai 1887, devenu la loi du 25 juin 1891. — II. Principe de la loi : prédominance de la loi du domicile ; sens et portée de cette règle ; raisons qui l'ont inspirée. Une part est faite, à titre d'exception, à la loi du domicile. — III. Analyse de la loi : dispositions générales ; capacité civile ; état civil, en particulier filiation ; puissance paternelle et obligation alimentaire ; tutelle ; régime matrimonial ; droit successoral. — IV. Appréciation de la loi : le trait principal en est le partage effectué entre la souveraineté territoriale et la souveraineté personnelle ; caractère singulier que ce règlement présente, comparé à l'ancienne théorie des statuts et aux systèmes modernes ; quelle en est la valeur et quel en sera l'avenir.

Le droit intercantonal est contenu dans le *Titre premier* de la loi, qui traite « *Des rapports de droit civil des ressortissants suisses établis ou en séjour en Suisse* ». La situation de ces personnes est celle qui dans le principe a suscité des plaintes, ému l'opinion, déterminé l'intervention des pouvoirs publics, et c'est également

des États, prononcé en 1863 ; un procès-verbal des délibérations de la commission du Conseil national, à Zurich, en 1888 ; les rapports et projets de lois des diverses commissions du Conseil des États et du Conseil national élaborés en 1863, 1876, 1877, 1888 et 1889 ; une circulaire du Conseil fédéral aux États confédérés, en date du 20 novembre 1891. L'auteur a tiré grand profit également du savant livre de M. Roguin, sur les *Conflits des lois suisses en matière internationale et intercantonale*, publié en 1890, et du remarquable ouvrage, publié en 1892, par M. Paul des Gouttes, ayant pour objet *Les rapports de droit civil des Suisses établis ou en séjour en Suisse*. — Ce travail fait suite à ceux que la Société de Législation comparée, si attentive au mouvement de la législation en Suisse, a déjà donnés, notamment, en ce qui concerne de près ou de loin l'objet de la loi actuelle : un compte rendu de la tentative de révision de la Constitution faite en 1872 (*Annuaire* de 1873, p. 449) ; un compte rendu, par M. Léon Lyon-Caen, du Congrès des jurisconsultes suisses en 1873 (*Bulletin* de 1874, p. 399) ; une communication de M. Jozon sur la révision de la Consti-

sur elle que s'est concentré le principal effort du législateur, bien
que, par la suite, incidemment en quelque sorte, son attention se
soit aussi étendue à d'autres intérêts.

La diversité des lois suisses a été maintes fois signalée. M. Rivier,
professeur à l'Université de Bruxelles, en a fait le point de départ
d'une étude *De la contrainte par corps en Suisse* (1). M. Vigier, président du tribunal à Soleure, et M. d'Orelli, professeur à l'Université de Zurich, l'ont exposée, le premier dans une brochure publiée
en allemand et traduite en français par M. Fick sur *Le peuple suisse
et son droit* (2), le second dans une dissertation concernant *L'état
actuel de la législation en Suisse et les tendances unificatrices* (3).
M. Lardy, en 1877, a écrit tout un livre dans lequel il expose *Les
législations civiles des cantons suisses en matière de tutelle, de régime
matrimonial quant aux biens et de succession,* ouvrage particulièrement précieux ici, puisqu'il traite des matières qui ont été l'objet
principal de la présente loi. Enfin, chacun des documents où se
trouvent relatés les travaux préparatoires de la loi, de 1862 à 1891,
insiste sur ce point capital. Vingt-cinq législations différentes
régissent la Suisse, et certaines coutumes locales doivent encore y
être ajoutées, voilà ce que tour à tour proclament tous ces témoi-
gnages. Et l'on ne saurait s'en étonner, puisque les peuples maintenant réunis par des liens de jour en jour plus étroits diffèrent
d'origine, de langue, de religion, de mœurs, de conditions écono-

tution effectuée en 1874 (*Bulletin* de 1875, p. 13); la notice et les notes de
M. Paul Lesage sur la Constitution du 29 mai 1874 (*Annuaire* de 1875,
p. 413); la notice de M. Emile Pinguet sur la loi fédérale du 24 décembre 1874
concernant l'état civil, la tenue des registres qui s'y rapportent et le
mariage (*Annuaire* de 1876, p. 714); la notice de M. Henri Pascaud sur la
loi fédérale du 28 mars 1877 concernant les droits politiques des Suisses
établis ou en séjour (*Annuaire* de 1878, p. 604); le compte rendu des travaux législatifs de l'Assemblée fédérale en décembre 1879, par M. Georges
Benoit (*Bulletin* de 1880, p. 47); l'étude de M. de Riedmatten sur le mouvement législatif en Suisse et spécialement sur les derniers projets de
codification (*Bulletin* de 1880, p. 455); les notices de M. de Riedmatten
concernant le Code fédéral des obligations du 14 juin 1881 et la loi fédérale
du 22 juin 1881 sur la capacité civile (*Annuaire* de 1882, p. 517); la notice
et les notes de M. Thaller concernant la loi fédérale du 11 avril 1889 sur la
poursuite pour dettes et la faillite (*Annuaire* de 1890, p. 606).

(1) V. *Revue de droit international*, 1870, p. 42 et suiv.

(2) M. Rivier en a rendu compte dans la *Revue de droit international*,
1871, p. 669.

(3) V. *Revue de droit international*, 1872, p. 365 et suiv.; 1873, p. 216 et
suiv.

miques et pendant des siècles ont été dispersés en de nombreuses petites sociétés isolées les unes des autres. La diversité des lois suisses reflète la diversité des éléments dont se compose la Confédération suisse.

Mais cet état de choses, naturel pour qui en considère les causes, a dans la pratique des inconvénients graves. Les déplacements des citoyens suisses ressortissants aux divers cantons et le mélange des uns avec les autres ont engendré la mobilité, l'enchevêtrement et le conflit de leurs lois. De là deux conséquences : en premier lieu, le besoin immédiat et pressant de règles qui, assignant à chaque loi, en chaque matière, son empire, apportent au mal un remède ; puis des aspirations plus hardies, l'idée qu'il vaudrait mieux supprimer la cause même du mal par l'unification des lois. C'est à ce besoin et à ces aspirations à la fois que donne satisfaction, dans une certaine mesure, la loi fédérale du 25 juin 1891.

I.

Les lois de cette nature ne sont portées qu'après de longues années d'attente. Celle-ci est demeurée sur le chantier de 1860 à 1891. Mais, si l'on s'élève à un plus large point de vue, si, ne se bornant pas à l'histoire de la loi, l'on considère l'histoire du problème qu'elle a tenté de résoudre, histoire dont elle n'est qu'un chapitre, il faut remonter bien plus haut dans le passé et laisser l'avenir ouvert. Ce qui s'est écoulé, jusqu'à présent, de cette histoire se divise en trois périodes, correspondant aux Constitutions de 1815, de 1848 et de 1874. Ce n'est pas, d'ailleurs, chose fortuite que le parallélisme des Constitutions de la Suisse et des états successifs par lesquels a passé, quant au problème dont il s'agit, le développement de son droit ; car, ainsi qu'on va le voir, c'est des Constitutions elles-mêmes qu'a dépendu le développement du droit.

Le pacte fédéral de 1815 avait laissé absolument intacte la souveraineté des cantons dans le domaine du droit civil. Chacun d'eux, sous ce rapport, était un véritable État, indépendant de la Diète, comme des autres. Il ne pouvait donc être question ni d'unifier le droit, ni même pour le pouvoir central d'intervenir, de quelque façon que ce fût, dans le conflit des lois cantonales. Il n'existait à cet égard qu'une ressource : puisque les cantons étaient des États souverains, ils pouvaient régler entre eux ces sortes de difficultés au moyen de conventions libres, n'obligeant que les parties contractantes sur des points déterminés. Un certain nombre de cantons y recoururent, en effet, dans une certaine mesure. Un concordat intervint, en 1818, relativement à la discussion des biens des débiteurs. En 1821, treize cantons firent un concordat sur le mode de procéder en cas de divorce et de séparations temporaires. Deux autres concordats plus importants eurent lieu, le 15 juillet 1822 : l'un, entre quinze cantons, sur les tutelles et curatelles; l'autre, entre treize cantons, sur la faculté de tester et le droit d'hérédité.

Ces deux dernières conventions, prévoyant le cas où un citoyen se trouverait, à sa mort, établi dans un autre canton que celui de sa naissance, conféraient au gouvernement de ce canton le droit de prendre des mesures conservatoires au sujet des biens laissés par le défunt, de sa veuve et de ses enfants; mais elles réservaient au canton dont le défunt était originaire le droit de nommer le tuteur, de surveiller sa gestion, de recevoir ses comptes; elles attribuaient, en outre, compétence aux lois du canton d'origine relativement aux règles de la tutelle, à la dévolution successorale des biens, à la faculté de tester, à la validité des dispositions testamentaires. Les contrats de mariage étaient également soumis, quant à leur substance, aux dispositions législatives et réglementaires du lieu d'origine du mari.

Ainsi, à cette époque, entre la loi d'origine et la loi du domicile, ce fut à la première que fut donnée la préférence. Pourquoi cette règle? Lorsque, par la suite, à partir de 1860, on a conçu la pensée d'y substituer la règle contraire, on s'est avisé d'en chercher la source dans une coutume féodale. Dans son message du 28 novembre 1862, le Conseil fédéral a dit : « Une autre principale cause de la prédominance dont jouissait jadis le principe de la nationalité consistait dans les rapports provenant du servage. Beaucoup de charges que nous sommes accoutumés aujourd'hui à envisager comme publiques avaient précédemment le caractère d'un droit privé et suivaient en conséquence le serf partout où il pouvait se rendre. On sait que les luttes de la noblesse avec les villes se développèrent principalement à la suite du refus des dernières de satisfaire aux demandes des seigneurs qui poursuivaient leurs gens. Pour demeurer réellement maître du serf, il n'y avait en fait d'autre moyen que de le lier par sa famille et ses biens au droit établi par son seigneur. La reconnaissance des droits du principe territorial aurait dans ses conséquences été identique avec l'émancipation des serfs. Il est vral que, dans les commencements, les villes ont beaucoup lutté pour le principe territorial ; mais, lorsqu'elles ont eu acquis elles-mêmes les droits féodaux de la noblesse, elles ont aussi conservé l'ancien droit. Dans nombre d'institutions (astriction à l'impôt, tutelle du lieu d'origine, droit de succession de la patrie, etc.) le principe de la nationalité est un débris qui a survécu, sans qu'on en ait conscience, à cette ancienne situation juridique. Les motifs de convenance avec lesquels on a coutume, maintenant, de l'étayer sont la plupart de date plus récente. Mais, l'ancien état de choses ayant pris fin, le principe de la nationalité a en très grande partie perdu sa base juridique. »

Assurément cette explication singulière était de nature à discréditer l'ancien principe, que l'on voulait abolir. Mais vraiment la peut-on considérer comme bien sérieuse? Est-il vraisemblable que l'application aux personnes de leur loi nationale ait historiquement une telle origine? En France, en Italie, en Allemagne, dans les Pays-Bas, certes non. Pourquoi en serait-il autrement en Suisse, dans les relations intercantonales? Comment croire qu'un usage né des rapports des seigneurs avec les serfs se soit étendu aux rapports des cités avec leurs sujets, se soit maintenu après l'extinction du servage, ait été solennellement consacré par quinze cantons au commencement de ce siècle? Le Conseil fédéral, semble-t-il, a rattaché l'une à l'autre deux institutions profondément différentes, en se fondant sur une analogie très superficielle.

Une autre cause de la règle adoptée dans les concordats de 1822, celle-là véritable, mais d'ordre secondaire, a été signalée en 1862 par le Conseil fédéral. C'est que la prépondérance de la loi d'origine sur la loi du domicile était en parfaite harmonie avec une institution cantonale d'une certaine importance. Il s'agit du devoir d'assistance qui est à la charge du canton d'origine envers ses sujets, en quelque lieu qu'ils tombent dans l'indigence. Proscrit par la Diète à une époque lointaine, dans la seconde moitié du XVIe siècle, dit le message du 28 novembre 1862, ce principe est devenu une règle arrêtée du droit public fédéral. Eh bien! Il paraît juste, quoique le message ait peine à le reconnaître, que ce devoir personnel ait pour contre-partie des droits personnels. Non pas qu'il en soit la source, et le message peut, avec raison, faire des réserves à l'égard de ce raisonnement : « parce que l'on doit secourir le citoyen en cas d'indigence, le canton et la coutume d'origine réclament aussi le droit de l'imposer, pareillement le droit de pourvoir à sa tutelle, le droit de consentir à la célébration et à la

dissolution du mariage, le droit de régler les rapports de successions, etc. » Mais ce qui est vrai, c'est que devoir et droits dérivent
d'un principe commun, la souveraineté personnelle.

Là, en effet, dans la souveraineté personnelle me semble résider
la première et grande cause de la préférence accordée, en 1822, à
la loi du canton d'origine. Il y a pour tout État souverain deux
sortes de souveraineté : la souveraineté territoriale, qui s'étend
sur le territoire à tout, mais est enfermée dans le territoire, et la
souveraineté personnelle, qui affecte les sujets seuls, mais les suit
hors de la frontière. Dans les rapports de deux États, ces deux
principes entrent en conflit lorsque les sujets de l'un se trouvent
sur le territoire de l'autre. Que la souveraineté territoriale ait en
fait le dernier mot, comme l'a remarqué, en 1863, dans son rapport, la majorité de la commission du Conseil des États, c'est vrai,
lorsque les États n'obéissent pas à un principe supérieur de justice
ni à des conventions librement consenties ; dans ce cas, en effet,
la souveraineté territoriale a le dernier mot, puisque force lui
reste. Mais le fait peut n'être pas conforme au droit et l'on conçoit
que des traités internationaux décident, au contraire, que la souveraineté personnelle, en certains points, sera prédominante. Or,
c'est ce que firent précisément les concordats de 1822, en matière
de tutelle et de succession. Et pourquoi ? Parce que, sous une
Constitution qui laissait les cantons vraiment souverains dans le
domaine du droit, ils eurent conscience de leur souveraineté et
pensèrent que, relativement aux personnes, à la famille et aux
rapports de droit qui en dépendent, il convenait que leur souveraineté s'exerçât à titre de souveraineté personnelle plutôt qu'à
titre de souveraineté territoriale. Et, ce faisant, consacraient-ils,
comme l'a dit le Conseil fédéral en 1862, quelque débris de la
Féodalité ? Nullement. Ils faisaient ce que font tous les États qui
ont conscience de leur unité et de leur souveraineté : ce que venait
de faire la France, au lendemain précisément de sa révolution
contre la Féodalité et de l'unification de son droit, dans l'article 3
de son Code civil ; ce que devait faire, en 1865, l'Italie unifiée,
dans l'article 6 des dispositions préliminaires de son Code civil ;
ce que l'Espagne, encore, a fait, en 1889, lorsqu'à son tour elle a
pu se donner un Code ; ce que la Suisse elle-même, enfin, a fait
dans l'article 10 de sa loi fédérale du 22 juin 1881 sur la capacité
civile. Et non seulement les concordats de 1822, fondés sur ce
principe, ont été conclus, l'un entre treize, l'autre entre quinze
cantons de la Suisse allemande, mais il est permis de croire que,

sans l'antagonisme provenant des différences de religion, bien des cantons de la Suisse romande s'y seraient associés, puisque les Codes civils de Vaud et de Genève ont également soumis le statut personnel à la loi d'origine, donnant en cela l'exemple qu'ont suivi les Codes de Berne, de Fribourg, de Lucerne et de Zurich.

Il est vrai que la Constitution du 12 septembre 1848 eut pour objet de concentrer les forces du pays en vue de ses rapports avec les Puissances étrangères ; que, si l'on unifia l'organisation militaire, les monnaies, les péages, les postes et les télégraphes, on laissa d'autre part aux cantons leur autonomie législative et judiciaire. Mais, lorsque la souveraineté extérieure d'un État vient à prendre fin, il est bien difficile que sa souveraineté intérieure n'en soit pas amoindrie : elle en reçoit au moins une atteinte morale. Il y a plus, ici. La Constitution de 1848 contenait, dans le domaine juridique, des dispositions qui portaient à la souveraineté interne des cantons une atteinte effective.

Ces dispositions avaient été déterminées par la force des choses, par un changement profond survenu dans l'état social du pays. La Suisse, dès ce temps-là, commençait à ouvrir de nouvelles voies de communications aux rapports de ses habitants. La circulation, rendue plus facile, augmentait le mouvement du commerce et de l'industrie, dont les progrès, à leur tour, provoquaient des déplacements de personnes de plus en plus nombreux. Alors s'éleva la question de savoir à quelles autorités ces personnes étaient légalement soumises. Il arriva que tel canton dont tels individus étaient originaires entendit maintenir sur eux tous ses droits, spécialement le droit d'imposition, au nom du principe de la souveraineté personnelle, et les punit de leur résistance en saisissant leurs biens et en leur refusant les « papiers de légitimation » dont ils avaient besoin au lieu de leur nouveau domicile. Éprouvait-il aussi de la part des autres cantons une dénégation de ses droits, il y répondait par des représailles envers leurs sujets (1). Les émigrés ne rencontraient pas toujours non plus, là où ils venaient se fixer, des dispositions bien libérales ; il leur arrivait de se heurter à des exigences excessives. Eh bien ! pour mettre fin à ces difficultés, la Constitution, dans son article 41, avait proclamé l'entière liberté d'établissement des Suisses dans tout le territoire ; elle en avait

____

(1) V. le message du 28 novembre 1862.

elle-même, dans ce texte, réglé les conditions ; dans son article 74, paragraphe 13, elle avait donné pouvoir aux Chambres d'édicter en cette matière des dispositions législatives ; et l'Assemblée fédérale avait décidé qu'on vertu de l'article 41 le droit de refuser à ses ressortissants émigrés des « papiers de légitimation » n'existait plus pour le canton d'origine. De plus, l'article 50 avait interdit les poursuites et les saisies ailleurs que dans le canton où le débiteur avait son domicile, tandis que, d'autre part, l'article 48 prohibait les représailles entre cantons en déclarant que les citoyens établis dans un canton y devaient être traités comme les originaires. Or, cet ensemble de mesures n'était rien moins qu'une série de restrictions apportées à l'autonomie cantonale ; car c'était le règlement par une autorité supérieure d'une matière qui, dans les rapports des États souverains, tels que la France et la Suisse, est l'objet d'accords volontaires (1).

Ces mesures, d'ailleurs, étaient tout à fait insuffisantes et ne pouvaient qu'en provoquer de nouvelles, plus graves encore pour l'indépendance des cantons envers le pouvoir fédéral. En effet, la liberté d'établissement, désormais proclamée et protégée d'une manière efficace, eut pour résultat d'accroître l'émigration intérieure, en même temps sollicitée par le développement incessant des voies de communications et par les progrès soit de l'industrie, soit du commerce. Dès lors, la lutte entre les deux principes de la « nationalité » et de la « territorialité », suivant les expressions du Conseil fédéral dans son message du 28 novembre 1862, s'accentua de plus en plus, devint de plus en plus vive. « Tandis que des cantons cherchaient à conserver, autant que possible, leur souveraineté sur les ressortissants temporairement absents du territoire (principe de la nationalité), d'autres prétendaient à la souveraineté la plus illimitée sur toutes les personnes établies sur leur territoire, qu'elles appartinssent ou non à ce territoire par leur indigénat (principe de la territorialité) ». De là, « d'un côté, des conflits entre les divers pouvoirs cantonaux ; de l'autre, des réclamations de citoyens qui se plaignaient qu'on leur fît simultanément l'application de deux législations différentes (double charge d'impôts, double tutelle, double législation et double for) dans tous

(1) L'article 49 contenait encore une autre règle de même nature : « Les jugements définitifs rendus dans un canton sont exécutoires dans toute la Suisse ».

los rapports do droit privé relativomont auxquels la nature des choses ou bien des prescriptions précises de la Constitution n'indiquaient pas un droit et un for uniques » (1). Do là, par conséquent, la nécessité d'imposer aux cantons des règles déterminant lour compétence respective.

Lo mal devint tellement aigu quo les pouvoirs publics s'en émurent. Du 18 janvior 1860 au 24 juillet 1862, le Conseil fédéral fut invité cinq fois par los Conseils législatifs à lour présenter un rapport et des propositions sur les questions qui préoccupaient le plus l'opinion publique. Ces questions so succédérent dans l'ordre suivant :

Collo do savoir « si, on exécution de l'article 74, chiffro 13, do la Constitution fédérale, il n'y avait pas lieu de promulguer des dispositions législatives touchant l'établissement et en particulier le droit soit des cantons du lieu d'origine et d'établissement, soit des communes d'imposer les citoyens établis »; on d'autres termes, « la question do la perception des taxes communales sur los Suisses établis dans un autre canton que le leur soit par la commune du lieu d'origine, soit par celle du lieu de l'établissement »;

Celle de savoir « si et do quelle manière on pourrait mottro fin au conflit du droit du lieu d'origine et de celui du domicile en matière de tutelle »;

Collo de savoir « s'il y aurait lieu do poser des normes généralomont applicables non seulement en co qui concerno la question do l'imposition, mais aussi sur les rapports do droit et la juridiction des établis suisses pour lo droit personnel, celui des successions, les mariages, les tutelles, etc., en d'autres termes, s'il y aurait lieu d'élaborer une loi do compétence déterminant les droits do souveraineté des cantons vis-à-vis des établis et do lours ressortissants absents » (2).

Comme on le voit, le domaine des réformes demandées était allé s'agrandissant de jour en jour.

Ainsi sollicité, le Conseil fédéral finit par adresser aux Chambros, lo 28 novembre 1862, un projet de loi, précédé d'un message qui en contenait les motifs et le commentaire. Ca projet « *concernant la fixation et la détermination de la compétence des cantons à l'égard des Suisses établis sur leur territoire* », traitait du droit d'imposition soit à l'égard de la propriété foncière, soit à l'égard des por-

(1, 2) V. le message du 28 novembre 1862.

sonnes et de leur fortune mobilière; du droit de la famille, particulièrement du mariage et de la fortune des époux; de la tutelle;
du droit de succession; des discussions. C'étaient les points sur
lesquels s'étaient élevées les difficultés les plus fréquentes et les
plus graves. On n'avait nullement l'intention de régler tous les
conflits de lois.

Un partage de compétence était fait entre le canton d'origine et
le canton d'établissement; la part attribuée à ce dernier était pré-
sentée comme une satisfaction pour l'opinion publique et comme
un progrès par rapport au droit antérieur.

Mais une question préjudicielle dominait tout le projet : l'Assemblée fédérale pouvait-elle, sans excéder ses pouvoirs, voter une
pareille loi? Bien que les Chambres, de 1860 à 1862, n'eussent pas
aperçu cette question, puisqu'elles avaient pris, à une grande majorité et sans opposition sérieuse, les décisions tendant à obtenir
la loi, le Conseil fédéral ne se dissimula pas qu'elle se posait
d'elle-même. Présentant le projet, il soutint naturellement l'affirmative. Dans la commission du Conseil des États, la majorité le
suivit. Mais une minorité, composée de trois membres, résista ;
« les dispositions contenues dans le projet, dit-elle, outrepassent
les attributions de l'Assemblée fédérale et empiètent sur la souveraineté des cantons ». Le Conseil des États, dans un premier vote,
après une longue discussion, se rangea à l'opinion du Conseil
fédéral. Toutefois, la question commençant à prendre une certaine gravité, le Conseil fédéral jugea convenable de provoquer
les observations des gouvernements cantonaux sur le projet tel
qu'il était sorti des délibérations du Conseil des États. Le résultat
de cette enquête fut d'ailleurs assez médiocre. Quelques mois
s'étaient écoulés lorsque la commission du Conseil national, à son
tour, fit connaître son sentiment. De même que la commission du
Conseil des États, elle se divisa. La majorité pensa que l'Assemblée fédérale était compétente; une minorité de trois membres fut
d'avis contraire. Leurs rapports sont, l'un du 29 mai, l'autre du
3 juillet 1863. Enfin, lors du vote des deux Chambres, le projet,
adopté par le Conseil national à une grande majorité, fut rejeté
par le Conseil des États, à la majorité d'une voix.

Il n'est pas sans intérêt, même aujourd'hui, de résumer les
raisons qui furent données de part et d'autre. On verra que la Constitution de 1848 avait pu susciter la pensée que l'autonomie des
cantons n'existait déjà plus à l'égard du conflit de leurs lois, mais,
en réalité, n'avait pas encore supprimé, à ce point de vue, la sou-

verolneté cantonale, qu'elle avait soulement ouvert la brèche par où devait passer, en 1874, cette innovation capitale.

L'article 3 de la Constitution proclamait ce principe : « Les cantons sont souverains en tant que leur liberté n'est pas limitée par la Constitution fédérale, et, comme tels, ils exercent tous les droits qui ne sont pas délégués au pouvoir fédéral ». L'article 5 ajoutait : « La Confédération garantit aux cantons leur souveraineté dans les limites fixées par l'article 3 ». De là il résultait que, pour établir au profit du pouvoir fédéral le droit de faire une loi réglant le conflit des législations cantonales entre elles, il fallait démontrer ou bien que ce règlement ne porterait pas atteinte à la souveraineté des cantons, ou bien que la Constitution le permettait quand même. Le Conseil fédéral et ceux qui adoptèrent son sentiment firent à cet effet de grands, mais vains efforts.

A la vérité, dirent-ils, la loi projetée, en imposant aux cantons un règlement du conflit de leurs lois, restreindra leur pouvoir législatif; mais elle ne restreindra pas ainsi leur souveraineté; elle la contiendra seulement dans son domaine naturel; elle tracera entre les souverainetés des limites qui les feront égales. Eh bien ! c'était pure illusion : dès qu'un État perd le droit absolu de faire ses lois ou d'en régler le conflit avec les lois étrangères, il souffre une atteinte dans sa souveraineté. Est-ce que l'État français serait encore pleinement souverain si quelque autorité supérieure substituait à l'article 3 de son Code civil une législation émanant d'elle?

La loi aurait altéré la souveraineté cantonale, cela ne pouvait être sérieusement contesté. Eût-elle été, du moins, constitutionnelle? Oui, dit-on, le droit de l'édicter appartient aux Chambres. En effet, parmi les affaires placées par l'article 74 de la Constitution dans la compétence des Chambres figurent, au numéro 13, « *les dispositions législatives touchant le libre établissement* », que l'article 41 garantit à tous les Suisses dans toute l'étendue du territoire. Or, de l'usage du droit au libre établissement naissent des conflits entre la loi du lieu du domicile et la loi du lieu d'origine, et ces conflits doivent être aplanis, si l'on veut que le droit soit exercé sans entraves. L'autorité qui préside à l'exercice du droit n'a-t-elle pas mission de régler les différends auxquels il donne lieu? Sans doute; la preuve en est, d'ailleurs, qu'assez souvent ces affaires sont portées devant le Conseil fédéral ou devant les Chambres et sont l'objet de leurs décisions. Les autorités fédérales qui, pour juger, ont posé des principes, ne peuvent-

elles pas donner à ces principes le caractère de dispositions législatives ? (1).

C'était précisément en se fondant sur l'article 74, chiffre 13, de
la Constitution que le Conseil des États avait, le premier, le 18 janvier 1860, provoqué l'intervention législative du pouvoir fédéral.
Et cependant le raisonnement que l'on en déduisait était bien
défectueux. Tout d'abord, les conflits entre législations cantonales
ne provenaient pas du droit au libre établissement, puisqu'ils exis-
taient avant que ce droit eût été accordé; la liberté d'établissement
en avait seulement augmenté le nombre. Mais, quand même ils
en fussent dérivés, ils n'en étaient pas moins nettement distincts
et même de nature entièrement différente; par conséquent, la
compétence pour les régler ne résultait pas nécessairement et de
plein droit de la compétence relative à l'établissement. Les autorités fédérales statuaient sur ces difficultés. Soit! Mais autre chose
est le pouvoir judiciaire, autre chose le pouvoir législatif. C'était à
la Constitution qu'il appartenait de substituer l'un à l'autre, non
pas à ces autorités elles-mêmes.

A l'appui du projet de loi on se prévalait encore de l'article 74,
n° 17, dans lequel, entre autres objets de la compétence des Chambres, figuraient les différends nés entre la Confédération et les
cantons sur le point de savoir si telle affaire dépendait de la souveraineté fédérale ou de la souveraineté cantonale. Mais il fut
répondu que si, d'après ce texte, le pouvoir fédéral avait le dernier
mot, c'était uniquement en qualité de juge. L'erreur était de
même sorte que la précédente.

Ainsi, la loi projetée excédait les attributions constitutionnelles
des autorités fédérales. On n'avait pas pris garde à cet obstacle, en
1860, 1861 et 1862, lorsque les deux Chambres, avec tant d'insis-
tance et, de plus, à une grande majorité, priaient le Conseil fédéral
de préparer une loi. Mais il fallut bien l'envisager et en tenir
compte en présence d'un projet défini, positif, apportant de graves
restrictions à la souveraineté des cantons dans le domaine qui
jusqu'alors leur était demeuré intact. Qu'allait-on faire, en adoptant
cette loi, sinon un pas nouveau et peut-être décisif de l'état fédératif à l'état unitaire? Alors se représentèrent à beaucoup d'esprits
les bienfaits de l'indépendance cantonale et même de la diversité
des lois; les rapports écrits au nom des membres en minorité dans
les commissions des deux Conseils ne manquèrent pas de les rap-

(1) Message du 28 novembre 1862.

poler et s'en firent un argument de plus pour demander que, si le pas était franchi, ce fût du moins par la volonté expresse et mûrement délibérée du peuple.

Fondée sur ces raisons, l'opposition me paraît avoir été à la fois juridique et légitime. Aussi suis-je moins étonné de l'échec subi par le projet que du nombre considérable des suffrages qu'il obtint. S'il n'eut pas, et encore fut-ce de bien peu, la majorité exigée par la Constitution, il eut, et de beaucoup, la majorité effective des hommes composant les trois Conseils entre lesquels se répartit le pouvoir fédéral.

On sentait donc généralement le besoin d'une loi, que la Constitution actuelle ne permettait pas. La conséquence en devait être que la Constitution serait révisée. De 1863 à 1874, on le proposa deux fois, mais sans succès. Dans un projet de révision partielle élaboré en 1865 et sur lequel on vota en 1866, un article attribuait formellement au pouvoir fédéral compétence à l'effet de régler le conflit des législations cantonales; il fut écarté. Même proposition fut renouvelée dans un projet de révision générale qui fut présenté et repoussé en 1872. L'idée ne devait aboutir que deux années plus tard.

Le pouvoir fédéral reçut enfin de la Constitution de 1874 le droit de faire la loi réclamée par l'opinion publique. En même temps, dans cette Constitution fut posé le principe qui devait dominer la loi. C'est le double objet des articles 46 et 47.

Art. 46. — « Les personnes établies en Suisse sont soumises, « dans la règle, à la juridiction et à la législation du lieu de leur « domicile en ce qui concerne les rapports de droit civil. La « législation fédérale édictera les dispositions nécessaires en vue « de l'application de ce principe et pour empêcher qu'un citoyen « ne soit doublement imposé.

Art. 47. — « Une loi fédérale déterminera la différence entre « l'établissement et le séjour et fixera en même temps les règles « auxquelles seront soumis les Suisses en séjour quant à leurs « droits politiques et quant à leurs droits civils ».

En conséquence, le Conseil fédéral reprit la question et, le 25 octobre 1876, présenta aux Chambres un nouveau projet, accompagné d'un nouveau message.

Mais le cadre de ce second projet était beaucoup moins vaste que celui du premier. Il ne comprenait plus les matières suivantes : 1º les impôts; 2º les faillites; 3º la capacité civile et la tutelle des femmes, qui devaient être l'objet, dans un avenir prochain, de lois uniques pour la Suisse entière; 4° le mariage, les oppositions au mariage, les actions en dissolution ou en nullité de mariage, ainsi que la légitimation par le mariage subséquent, qui déjà se trouvaient réglés par une loi unique sur l'état civil et le mariage, la loi du 24 décembre 1874.

Ainsi, l'idée d'unifier les lois, qui, de 1860 à 1863, était demeurée latente, avait cheminé dans les esprits, s'était fait jour et même avait pris les devants. On devait d'autant plus se hâter, là où l'on n'osait pas encore unifier le droit, de réaliser l'autre système celui qui consiste à réglementer les conflits de lois.

A cet égard, la difficulté n'était plus dans l'incompétence du pouvoir fédéral, puisque la Constitution lui avait expressément conféré le droit de faire la loi. Elle n'était même pas dans le choix d'un principe; la Constitution l'avait également posé en décidant que la loi du domicile serait en règle générale prédominante. Elle était dans l'application de ce principe. Aurait-il un empire absolu ? Si l'on pensait devoir le tempérer en laissant un certain rôle à la loi d'origine, comment se ferait le partage ?

Le projet du Conseil fédéral attribuait une très large part à la loi du domicile, conformément à l'esprit manifeste de la Constitution ; il ne réservait que bien peu de chose à la loi d'origine.

Ce projet obtint, le 18 décembre 1876, l'assentiment du Conseil national. Mais le Conseil des États lui fit subir d'importantes modifications dans le travail qu'il acheva le 16 juin 1877. Ainsi remanié, il fut abandonné pendant deux années. Revenu devant le Conseil national, il y rencontra une vive opposition et, après de nombreux amendements, le 9 décembre 1879, il fut rejeté.

Les Chambres n'avaient donc pas pu se mettre d'accord sur la mesure dans laquelle il fallait restreindre le principe constitutionnel au moyen de concessions à la loi d'origine. Toutefois, ce n'était qu'un retard, un échec temporaire. Dès le 16 décembre 1879, le Conseil des États renvoyait l'examen du problème au Conseil fédéral, en le priant de préparer un nouveau projet quand il le jugerait convenable. Sous la pression de l'opinion publique exprimée par des pétitions aux Chambres, les deux Conseils législatifs, le 22 et le 23 janvier 1882, estimant eux-mêmes que le moment opportun était arrivé, prirent une décision aux termes de laquelle ils invitaient le Conseil fédéral à présenter des propositions nouvelles. Deux années s'écoulèrent. Le 16 septembre 1884, la Société des juristes suisses, à son tour, manifesta le plus vif désir que la question fût

2

reprise. Enfin, trois ans après, le Conseil fédéral, déférant à ces motions, prépara le projet qui lui était demandé et qui, depuis 1862, était le troisième; il le déposa, avec son troisième message, le 21 mai 1887. C'est ce projet qui, après une dernière lutte entre les partisans de la loi du domicile et les défenseurs de la loi d'origine, représentés plus particulièrement ceux-là au Conseil national, ceux-ci au Conseil des États, après avoir été par conséquent amendé, sur divers points, en ce double sens, est devenu la loi du 25 juin 1891. La votation populaire n'ayant pas été réclamée, la loi est entrée en vigueur, par ordre du Conseil fédéral, le 1ᵉʳ juillet 1892.

II.

Le principe d'après lequel a été réglé le conflit des diverses législations cantonales consiste, en général, dans la prépondérance de la loi du domicile sur la loi d'origine. C'est, en apparence, un système contraire à celui qui est admis aujourd'hui dans nombre de pays et qui, semble-t-il, est destiné à l'emporter universellement un jour. Pourquoi les auteurs de la Constitution de 1874 et ceux de la loi du 25 juin 1891 se sont-ils séparés du sentiment commun? D'autre part, on a constamment et en termes exprès, dans les messages, rapports et procès-verbaux contenant les travaux préparatoires, qualifié la loi du domicile de loi territoriale et mis en regard du principe de la nationalité, représenté par la loi d'origine, le principe de la territorialité, représenté par la loi du domicile. C'est un langage nouveau; partout ailleurs, si la loi du domicile est en concurrence avec la loi nationale, elle s'oppose bien plus fortement encore à la loi territoriale. Pourquoi cette terminologie singulière? En d'autres termes, quel est le sens, quels sont le caractère, la portée, la raison du principe qui domine le règlement intercantonal établi par la loi du 25 juin 1891?

Lorsque les juristes adonnés à l'étude du droit international privé, spécialement en France, envisagent l'élément nationalité et l'élément domicile dans le conflit des lois relatives à la condition des personnes, ils sont en présence d'une situation intéressant les lois de deux pays absolument étrangers l'un à l'autre et pleinement souverains l'un et l'autre. Ils supposent, en outre, admis au préalable dans les deux pays que les matières désignées sous le nom de statut personnel (état des personnes, rapports de famille et capacité civile) sont régies par une loi également qualifiée de loi personnelle, c'est-à-dire par une loi qui, d'une part, est exclusivement relative à certaines personnes et, d'autre part, est extra-territoriale, en ce sens qu'elle suit ces personnes et leur demeure applicable en tout pays. Partant de là, ils discutent si cette loi personnelle doit être la loi nationale ou la loi du domicile. Ils choisissent l'une ou l'autre en se déterminant par des considérations de principe, à raison des rapports particulièrement étroits qui, suivant eux, l'unissent à la condition des personnes. Quelles que soient, d'ailleurs, leurs intimes préférences, ils observent qu'en certains pays, par exemple en France, en Belgique, en Hollande, en Italie, en Espagne, la loi personnelle est la loi nationale et que, dans d'autres pays, par exemple en Allemagne, la loi personnelle est la loi du domicile. Mais, que la loi personnelle soit fondée sur la nationalité ou sur le domicile, ils l'opposent toujours à la loi territoriale, qui, dans chaque pays, est la loi toute puissante, absolue sur le territoire et, au delà, sans force aucune; le résultat est que la loi personnelle exclut, ici, la loi territoriale. Si donc ils constatent que, dans tel pays, la loi personnelle est la loi du domicile, ce fait a pour eux une double conséquence : à la vérité, d'une part, les étrangers domiciliés dans le pays sont régis par la loi locale; mais, d'autre part, les étrangers et même les sujets domiciliés en pays étranger sont régis par des lois étrangères. Et l'État, à l'égard de tous, fait abstraction de sa souveraineté territoriale ; quand il applique aux étrangers domiciliés sur son territoire sa propre loi, il la leur applique non pas en tant que loi territoriale, mais comme loi personnelle.

Eh bien ! pour comprendre et apprécier la loi suisse du 25 juin 1891 au sujet du règlement intercantonal qu'elle a établi, nous devons, en premier lieu, nous défaire de ces conceptions, de ces habitudes d'esprit et même de ce langage; car tout autres étaient les termes de la difficulté que le législateur suisse avait à résoudre, tout autres ont été ses inspirations, ses motifs, tout autres ses décisions. Nous sommes encore, il est vrai, en matière de statut personnel. Cependant, remarquons déjà qu'il s'agit ici non pas seulement d'état des personnes, de rapports de famille, de capacité, de tutelle, mais aussi de régime matrimonial, de successions et de testaments, ce qui étend la notion que nous avons généralement du statut personnel. Mais, surtout, nous sommes en Suisse, en présence d'une situation particulière, nettement définie. Il s'agit des difficultés auxquelles donne lieu l'établissement dans un canton de Suisses appartenant à d'autres cantons par leur origine. Or, le conflit né dans ces circonstances revêt un caractère qu'il n'a nulle part ailleurs. Il y a concurrence entre les lois de deux cantons appartenant au même pays, de deux cantons souverains, il est vrai, dans le domaine du droit, en thèse générale, mais ici, au point de vue du conflit dont il est question, soumis à une autorité centrale supérieure. Il y a concurrence entre leurs lois au sujet de nationaux du pays qui, s'ils sont citoyens de l'un des cantons, ne sont cependant pas de véritables étrangers pour l'autre. Voilà, semble-t-il, qui est de nature à atténuer l'opposition de la loi d'origine et de la loi du domicile, opposition si vive lorsque le conflit s'élève entre les lois de deux pays vraiment différents et pleinement souverains. Que certaines raisons viennent, en outre, militer en faveur de la loi du domicile, et l'on s'expliquera sans trop de peine qu'elle ait été préférée. D'autre part, la difficulté prévue concerne uniquement une certaine catégorie de personnes, celles qui se sont fixées sur le territoire d'un canton, qui se sont placées pour longtemps, peut-être pour toute leur vie, sous l'empire de ses institutions, de ses autorités, de sa police, qui se sont confondues avec les indigènes, qui peut-être prennent part à la vie politique locale. On conçoit, dès lors, que la loi du domicile leur soit appliquée à titre de loi territoriale, à raison de leur établissement dans le pays, par suite de considérations tout autres que les motifs pour lesquels, ailleurs, par exemple en Allemagne, on a choisi la loi du domicile comme loi personnelle. Toutefois, la loi qui leur sera appliquée en matière de capacité civile, de puissance paternelle, de tutelle, de succession, de régime matrimonial, sans être personnelle, ne sera pas non plus territoriale au sens ordinaire du mot, ne le sera pas au même titre, par exemple, que la loi concernant l'organisation de la propriété foncière ou la loi statuant sur les délits et les peines. Celles-ci seraient absolues, s'appliqueraient même aux non domiciliés. La loi du domicile, en matière d'état civil, de puissance paternelle, de tutelle, de régime matrimonial et de succession, s'appliquant seulement aux domiciliés et lorsqu'ils s'adressent aux juges locaux, est une loi relative en même temps que territoriale, ce qui lui donne un caractère tout à fait singulier.

Cela dit, quelles sont les raisons qui ont fait adopter comme principe, en ce sens, l'application de la loi du domicile? On a insisté beaucoup, dans les travaux préparatoires, sur ce point capital. On voulait, se conformant à la Constitution, remplacer la règle qui avait servi de base aux concordats de 1822 par une règle toute contraire et, ne réfléchissant pas assez aux particularités de la situation qui viennent d'être exposées, confondant trop aussi le droit intercantonal avec le droit international, on pensait que l'on allait par là se mettre en contradiction flagrante avec les tendances actuelles de la science. On avait à cœur de justifier le nouveau principe. On en a donné des raisons nombreuses et de toute sorte.

Il en est qui sont d'ordre général, qui seraient de nature à démontrer, si elles étaient justes, que le domicile doit être considéré comme le principal élément de solution des conflits de lois, même en droit international. Je n'en dirai rien quant à présent, bien que les messages du Conseil fédéral et les rapports des commissions les appliquent, en y consacrant même d'amples développements, au droit intercantonal ; à ce point de vue, les estimât-on justes, elles seraient surabondantes ; je les apprécierai dans l'étude du droit international, au sujet du conflit des lois suisses avec les lois étrangères ; c'est là qu'elles ont une grande importance.

Il est d'autres considérations qui ont consisté en critiques adressées au système des concordats de 1822, afin de le ruiner dans les esprits, ou du moins d'en diminuer, d'en réduire presque à néant la valeur. Je les ai précédemment examinées. Ce n'était pas, selon moi, dans une erreur commise en 1822 qu'il fallait, en 1862, chercher des motifs d'abolir l'ancien principe. C'était dans les changements qui s'étaient produits en Suisse entre les deux époques.

Les raisons puisées dans cet ordre d'idées sont les trois suivantes : 1° le sentiment de la nécessité ou tout au moins de l'utilité pratique ; 2° le déclin de l'idée de nationalité cantonale ; 3° la tendance des esprits à l'unification du droit.

En premier lieu, l'état social engendré d'abord par l'accroissement des voies de communications, du commerce et de l'industrie, puis par les mesures prises pour assurer la liberté d'établissement, faisait de la règle nouvelle une sorte de nécessité. Le nombre des individus établis ou en séjour, c'est-à-dire domiciliés dans d'autres cantons que celui dont ils étaient originaires, était devenu considérable. Voici le tableau dressé, en 1863, par la commission du Conseil des États (1).

<hr>

(1) Rapport de la majorité du Conseil des États, en date du 13 janvier 1863.

Sur 1.000 âmes de la population totale, les rossortissants suisses d'autres cantons se répartissent comme suit :

Bâle-Ville.	406 ou 40 1,2 0.0	de la population totale.
Neuchâtel.	372 ou 37 1,2 0,0	—
Zoug	218 ou 22 0,0	—
Bâle-Campagne . .	184 ou 19 1/2 0,0	—
Genève.	159 ou 16 0/0	—
Appenzell (Rh. ext.)	127 ou 12 1,2 0,0	—
Saint-Gall.	124 ou 12 1,2 0,0	—
Vaud.	114 ou 11 1,2 0,0	—
Fribourg.	109 ou 11 0,0	—
Soleure.	103 ou 10 1,2 0,0	—

Ainsi, dans dix cantons, la population était composée de Suisses venus d'ailleurs et domiciliés dans une proportion variant du dixième aux quatre dixièmes.

L'un des rapporteurs de la commission nommée par le Conseil national pour examiner le projet du 28 mai 1887, M. Forrer, disait (1) : « Suivant les résultats du recensement du 1er décembre 1880, il n'y a pas moins de 378.407 Suisses qui demourent dans d'autres cantons que celui de leur origine ». Il ajoutait que les étrangers proprement dits étaient, à la même date, au nombre de 211.035, sur une population totale de 2.846.102 âmes. Il résultait de là que, dans certains cantons, les originaires étaient moins nombreux que les individus venus des autres cantons ou de l'étranger. A Genève, la proportion des originaires était de 43 p. 100; à Bâle-Ville, elle n'était que de 30 p. 100.

« Ces chiffres, disait M. Forrer, démontrent non seulement la nécessité absolue d'une unification des rapports de droit civil des citoyens établis ou en séjour, mais aussi qu'il est indispensable d'appliquer le principe de la territorialité ». Ailleurs il reproduisait, en les approuvant, ces lignes écrites, au nom du Conseil fédéral, en 1862 : « L'accroissement du nombre des établis est le principal motif pour lequel on est forcé de rompre avec le vieux principe de la nationalité et de passer au principe plus simple de la territorialité ». Il s'écriait même : « Ce serait simplement une monstruosité s'il fallait qu'à Bâle-Ville les 70 centièmes et à Genève les 57 centièmes de la population totale fussent régis, dans d'importants

(1) Rapport du 12 juin 1888.

domaines du droit civil, par des législations étrangères et jugés en conséquence.

Mais quels inconvénients donc aurait eu l'application des lois étrangères? C'est qu'il en serait résulté pour les juges des difficultés presque insurmontables. C'est aussi que les indigènes se seraient trouvés, à l'égard de leurs rapports juridiques avec les étrangers, dans un état d'insécurité fort préjudiciable.

Cependant, en dépit des véhémentes protestations de M. Forrer, cette première considération, quelle qu'en soit l'importance, n'est pas par elle seule décisive. A l'égard d'étrangers proprement dits, elle serait dominée ou tout au moins contre-balancée par le respect qui est dû, en matière de statut personnel, aux nationalités et aux lois étrangères. Mais, pour les Suisses originaires d'un canton et domiciliés dans un autre canton, il faut reconnaître qu'elle est fortifiée par l'affaiblissement de l'idée de nationalité cantonale. En effet, d'une part, comme nous l'avons vu, la souveraineté personnelle des cantons s'est considérablement amoindrie depuis que l'article 41 de la Constitution de 1848, confirmé par l'article 45 de la Constitution de 1874, leur a prescrit de laisser à leurs sujets pleine liberté de s'établir ailleurs. D'autre part, il faut savoir que l'on n'a pas seulement favorisé l'émigration de canton à canton, que d'autres mesures ont eu pour effet l'assimilation, à un haut degré, des émigrés aux indigènes. D'après la nouvelle organisation militaire, c'est au lieu du domicile que les soldats doivent accomplir leur service. Dans ce lieu du domicile, en vertu des articles 48 de la Constitution de 1848 et 60 de la Constitution de 1874, tous, originaires des autres cantons comme indigènes, ont droit au même traitement. Les premiers y jouissent même des droits politiques, à l'égard des affaires cantonales comme à l'égard des affaires fédérales, ainsi que les seconds ; certains cantons leur ont accordé jusqu'à la jouissance des droits relatifs aux intérêts des communes (1). De là l'éclipse progressive, dans les esprits, de la loi d'origine, tandis que celle du domicile s'est accentuée et mise au premier plan.

On a beaucoup insisté sur cette situation, au cours des travaux préparatoires. En 1863, la commission du Conseil des États disait : « Si les conditions exigées dans l'article 41 de la Constitution fédérale pour obtenir le droit d'établissement sont

(1) V. message du 28 novembre 1862.

maintenues, l'établissement peut être de durée et, à raison des droits et des obligations qui y sont attachés, il n'est pas surprenant que les citoyens pourvus d'un permis d'établissement, surtout quand ils sont établis depuis quelque temps déjà dans une localité, finissent par la considérer comme une autre patrie, sans y avoir acquis le droit de bourgeoisie » (1). On a dit aussi : « Le droit d'origine devient de plus en plus étranger aux citoyens établis dans un autre canton ; ils sont vis-à-vis des autorités de leur lieu d'origine plus étrangers que vis-à-vis de celles de leur domicile » (2). Oui, cela est vrai, mais cela est vrai parce que le lien qui rattache le citoyen à son canton originaire n'a plus beaucoup de force, maintenant que la nationalité locale a été à peu près absorbée dans la nationalité générale. Puisque les cantons ne sont plus de véritables États, puisqu'ils sont devenus comme des districts d'un même État, auxquels n'a été laissée qu'une certaine autonomie, il importe peu, désormais, que l'on appartienne par son origine à tel d'entre eux plutôt qu'à tel autre.

Les deux raisons qui précèdent sont étroitement connexes ; elles se corroborent l'une l'autre. Une troisième, d'ordre différent, s'y est ajoutée, peut-être inconsciemment, mais de façon non douteuse, dans beaucoup d'esprits : c'est que le nouveau système de solution des conflits de lois va préparer l'unification du droit. Une opinion s'est formée en Suisse et devient de plus en plus puissante en faveur de la fusion des législations diverses et de la confection d'un Code unique (3). Eh bien ! l'application de la loi

(1) Rapport, en date du 13 janvier 1863, de la majorité de la commission du Conseil des États.

(2) MM. Suter et Ruchonnet (procès-verbal des séances des 26 et 27 avril 1858, à Zurich).

(3) Les manifestations de cette idée ont été fréquentes et déjà ses succès nombreux : la réunion du Congrès des juriconsultes suisses, en 1873, afin de démontrer que la conciliation n'était pas impossible entre les législations civiles de la Suisse allemande et celles de la Suisse française ; l'article 55 du projet de révision de la Constitution en 1872, posant en principe que « la législation sur le droit civil, y compris la procédure, est du ressort de la Confédération » ; l'article 64 de la Constitution de 1874, qui a permis à la Confédération d'unifier les lois en certaines matières ; la loi fédérale du 24 décembre 1874 concernant l'état civil, les registres qui s'y rapportent et le mariage ; la loi fédérale du 3 juillet 1876 sur la naturalisation ; le code fédéral des obligations du 14 juin 1881 ; la loi fédérale du 22 juin 1881 sur la capacité civile ; la loi fédérale du 23 avril 1883 con-

du domicile à tous les domiciliés, quelle que soit leur origine, ne sera pas autre chose qu'un commencement d'unification des lois, puisqu'elle sera la substitution d'une loi unique à une multitude de lois diverses. Chacun des cantons va devenir, à cet égard, comme un champ d'expériences, où tous les habitants obéiront à un droit indépendant de leur nationalité cantonale, et, lorsque ce régime aura duré pendant un certain temps, s'il réussit, l'habitude sera prise de tenir pour vaine la diversité des origines, de considérer au contraire comme décisive la communauté de domicile. Les esprits seront prêts, alors, à accepter pour toute la Suisse une seule et même loi, et les lois en présence, qu'il faudra fondre en une seule, n'auront plus la force de se défendre, après avoir été toutes énervées par les atteintes fréquentes qu'elles auront subies tour à tour hors de leur territoire. Aussi, l'adoption de la loi du domicile a-t-elle dû secrètement plaire aux partisans de l'unification du droit; ils ont dû y voir un acheminement vers la réalisation de leur idéal.

Toutefois, cet idéal est encore loin, peut-être. L'ancienne règle des concordats de 1822, consistant en la prépondérance de la loi d'origine, est devenue, il est vrai, l'exception. Mais, au cours des travaux préparatoires, elle a rencontré l'appui de vigoureux champions qui ont combattu pied à pied pour sa défense. Ils se sont prévalus de la souveraineté personnelle du canton d'origine, en matière législative, sur tous ses ressortissants, même domiciliés ailleurs, souveraineté qui subsiste encore et qui, engendrant la charge de l'assistance, comporte aussi des droits (1). Remarquons,

cernant la propriété littéraire et artistique ; la loi fédérale du 20 juin 1888 sur les brevets d'invention; la loi fédérale du 21 décembre 1888 sur les dessins et modèles industriels; la loi fédérale du 11 avril 1889 sur la poursuite pour dettes et la faillite; la loi fédérale du 26 septembre 1890 concernant la protection des marques de fabrique et de commerce.

(1) A l'égard de la charge de l'assistance, un certain partage a été fait. La commune originaire ne doit intervenir que dans le cas où ses ressortissants ont besoin de soins permanents. L'alinéa 3 de l'article 45 de la Constitution a été interprété par le Conseil fédéral, le 12 novembre 1878, en ce sens que les citoyens établis ou en séjour doivent être momentanément assistés, s'ils en ont besoin, par la commune ou le canton du domicile, et la loi fédérale du 12 juin 1875 sur les frais d'entretien et de sépulture des Suisses établis a imposé au canton du domicile des obligations qui diminuent sensiblement celles du canton d'origine. (V. Paul des Gouttes, p. 53 et 111).

notamment, l'énergique langage tenu au nom des membres de la commission du Conseil des États qui, dans l'examen du premier projet de loi, se séparèrent et du Conseil fédéral et de la majorité de leurs collègues. Après avoir mis en regard de la souveraineté territoriale des cantons leur souveraineté personnelle, le rapporteur ajouta : « Le droit d'origine est un droit personnel, indépendant du droit du domicile, qui rattache intimement le citoyen à son canton et à sa commune. Cet état de choses s'est développé en Suisse d'une manière particulière. Le rapporteur ne fait nullement partie de ceux qui admirent sans autres réserves (1) cette institution. Mais il estime qu'on ne doit pas se jouer d'elle au point que, tandis que le droit d'origine profite dans toutes ses conséquences au citoyen, quelle que soit la durée de son absence, les autorités du lieu d'origine ne doivent plus pouvoir faire de réclamations à l'absent, ni exercer une influence quelconque sur son sort... Du moment que l'on astreint la commune d'origine à délivrer sans cesse à l'absent et à ses descendants des certificats d'origine et à fournir pour ainsi dire caution pour le cas où ils tomberaient dans l'indigence, il ne faut pas non plus s'élever contre toutes les conséquences de cet état de choses (2) ». On invoqua également la stabilité du droit, si nécessaire en certaines matières, et, sur ces points, la supériorité de compétence qui appartient naturellement à la loi d'origine. Au reste, l'article 46 de la Constitution, en décidant que l'application de la loi du domicile serait « la règle », indiquait que des tempéraments pourraient y être apportés. Or, ces tempéraments, en somme, ont été tels que la loi du 25 juin 1891 doit être considérée comme le produit d'une transaction entre les idées contraires qui se trouvaient en présence.

III.

Le Titre premier de la loi, relatif au droit intercantonal, est divisé en trois sections, marquées des lettres A, B, C : la première, consacrée à des dispositions générales; la seconde, au droit des personnes et droit de famille; la troisième, au droit successoral.

(1) Je me permets d'ajouter au texte le mot « réserves », que je crois avoir été omis.

(2) Rapport, en date du 13 janvier 1863, de la minorité de la commission du Conseil des États.

Section A. — **Dispositions générales**. — Dès le début, la loi proclame, et pour les législations et pour les juridictions cantonales, le principe de compétence édicté par l'article 46 de la Constitution de 1874. Mais elle le fait en des formules sensiblement différentes.

A l'égard du conflit des lois, il est dit, dans l'article premier, que « *Les dispositions en vigueur dans un canton sur le droit des personnes, le droit de famille et le droit successoral* (les seules matières qui soient l'objet de la loi) *sont applicables aux Suisses établis ou en séjour originaires d'autres cantons, dans les limites fixées par la présente loi* ». De là il résulte que la législation du lieu du domicile, bien que désignée comme préférable en règle générale, ne doit être appliquée qu'en vertu de dispositions formelles.

Quant au conflit des juridictions, l'article 2 porte que « *Lorsque la présente loi ne réserve pas expressément la juridiction du lieu d'origine, les Suisses établis ou en séjour sont soumis à celle du domicile, en ce qui concerne les rapports de droit civil mentionnés en l'article 1er* ». Par conséquent, la juridiction du lieu du domicile s'impose de plein droit et ne cède que devant une disposition contraire.

Il pourra se faire que, par suite de quelque tempérammment apporté au premier principe, le juge du domicile ait à suivre la loi d'un autre canton. L'article 2, en prévision de cette hypothèse, est ainsi conçu : « *Le juge est obligé d'appliquer d'office le droit d'un autre canton. Sont réservées les prescriptions cantonales concernant la preuve de l'existence d'un statut local ou d'une coutume* ».

La loi définit ensuite (art. 3) le *domicile* dont elle aura si souvent à parler, auquel elle va attribuer tant d'importance et qui sera le même, notons-le bien, et pour les Suisses *en séjour* et pour les Suisses *établis*, les uns ne différant des autres qu'au point de vue de la jouissance des droits politiques. « *Le domicile, dans le sens de la présente loi, est au lieu où la personne demeure avec l'intention d'y rester d'une façon durable* ». Telle est la disposition principale, que d'autres, les articles 3 et 4, complètent en vue de certains cas ou de certaines personnes.

Au domicile s'oppose l'*origine*, ou *droit de cité*, ou *droit de bourgeoisie* (1). La loi n'en donne aucune définition. Mais, considérant

(1) V., à ce sujet, *La nationalité suisse et le droit de cité dans le canton de Vaud*, étude qui sera publiée par M. Berney dans un des prochains numéros de la *Revue du droit public et de la science politique en France et à l'étranger*.

le cas où un Suisse possède le droit de cité dans plusieurs cantons, elle dit (art. 5) lequel de ces cantons, pour l'application de la loi, sera son canton d'origine. Il importait qu'elle précisât ce point, puisque, en un certain nombre de matières encore, la loi et même la juridiction ou les autorités du canton d'origine l'emportent sur celles du canton du domicile.

La loi détermine aussi (art. 6) quels seront, dans un canton où plusieurs législations régissent des parties distinctes du territoire, le lieu d'origine et le lieu du domicile.

SECTION B. — **Droit des personnes et droit de famille.** — Cette section est divisée en cinq paragraphes, où il est traité de la *capacité civile*, de l'*état civil*, de la *puissance paternelle*, de la *tutelle* et du *régime matrimonial.*

Il n'y est pas question du mariage, qui est la base du droit de famille. Le premier projet du Conseil fédéral, au contraire, celui du 18 novembre 1862, y consacrait six articles. Mais, peu après le vote de la Constitution de 1874, une loi fédérale, du 24 septembre 1874, *sur l'état civil, la tenue des registres qui s'y rapportent et le mariage*, au lieu de régler le conflit des lois cantonales, établit en matière de mariage pour toute la Suisse une législation uniforme.

I. CAPACITÉ CIVILE. — Il semble qu'il n'y avait pas non plus de conflits à prévoir en cette matière. Car elle est également réglée par une loi fédérale, celle du 22 juin 1881, *sur la capacité civile*, qui a fixé la majorité pour tous les Suisses à l'âge de vingt ans et, par conséquent, a établi pour tous une règle uniforme quant à leur capacité générale. Mais quelques points spéciaux ont été laissés par cette loi au droit cantonal ; c'est d'eux qu'il s'agit. Ceux qu'il est intéressant de signaler sont : la capacité des femmes mariées non commerçantes (la capacité de la femme mariée qui exerce une profession ou une industrie est réglée d'une façon uniforme par les articles 34 et 35 du *Code fédéral des Obligations* promulgué le 14 juin 1881); la capacité de tester. Conformément au principe, l'article 7 attribue compétence à la loi du domicile de la femme ou du testateur. Le concordat du 22 juillet 1822 soumettait la capacité de tester à la loi d'origine.

II. ÉTAT CIVIL. — Sous cette rubrique, ce sont principalement les conflits de lois en matière de filiation qui sont prévus et réglés, sauf pour la légitimation par mariage subséquent, qui est l'objet de l'article 25 de la loi fédérale de 1874 *sur le mariage*, ainsi conçu : « *Les enfants nés avant le mariage sont légitimés par le mariage subséquent de leurs parents* ».

Les conflits de lois sont particulièrement graves à l'égard de la filiation naturelle et de la filiation adoptive.

En ce qui concerne la filiation naturelle, les lois suisses ont consacré des systèmes très divers. D'après M. Roguin, elles se divisent en trois groupes. Les unes, admettant la recherche de la paternité, rattachent l'enfant naturel à son père et à la famille de son père. Les autres, à l'exemple de la loi française, prohibent, sauf exception, la recherche de la paternité, mais décident que l'enfant volontairement reconnu par son père prend son nom et acquiert envers lui des droits de succession. Les autres, enfin, ont établi un système mixte : l'enfant peut faire déclarer quel est son père, mais n'a droit de sa part qu'à des aliments; il n'a que ce droit, même dans le cas où la reconnaissance est volontaire. Dans ce système, la constatation de la filiation naturelle ne confère pas à l'enfant un état, ou plutôt elle ne le rattache jamais qu'à sa mère (1).

Quant à l'adoption, elle n'existe que dans un très petit nombre de législations cantonales.

Cette matière ne fut traitée distinctement pour la première fois que dans le second projet du Conseil fédéral, celui qui fut présenté le 25 octobre 1876. Conformément au principe, on proposa d'y appliquer la loi du domicile. Il en fut de même dans la loi qui, après avoir été élaborée, de 1876 à 1879, par les Chambres, fut rejetée, le 9 décembre 1879, par le Conseil national.

Le troisième projet du Conseil fédéral, présenté le 28 mai 1887, adoptait, au contraire, la loi du lieu d'origine. Ce revirement d'opinion ne fut pas accepté, sauf pour l'adoption, par la commission du Conseil national. Pourquoi, dit-elle, ne soumettrait-on pas à la loi du domicile la filiation comme les autres rapports de famille, tels que la puissance paternelle, l'émancipation, la tutelle et les successions? Est-ce que, d'ailleurs, les effets de la filiation ne se produisent pas au lieu du domicile? Et l'on ajoutait : « Le droit d'origine devient de plus en plus étranger aux citoyens établis dans un autre canton » (2). Tel fut aussi le sentiment du Conseil natio-

(1) Roguin, *Conflit des lois suisses*, p. 131.
(2) Rapport en date du 12 juin 1888 et procès-verbal des séances des 26 et 27 avril 1888 à Zurich.

ual, qui supprima même toute réservo et soumit l'adoption au droit commun.

Mais la commission du Conseil des États fut d'un avis tout différent. Pleinement d'accord avec le Conseil fédéral, elle déclara, comme lui, que la filiation, spécialement la reconnaissance volontaire ou judiciaire des enfants naturels, avait le caractère d'institution du droit public, puisqu'elle influait sur le droit de cité communal et cantonal des intéressés. C'était tout à fait exact (1). Le rapporteur de la commission du Conseil national en avait lui-même fait l'aveu. Il avait confessé que, dans le système préconisé par la commission, il pourrait arriver que les autorités de Zurich décidassent, d'après le droit de ce canton, que tel individu était l'enfant naturel d'un Bernois demeurant à Zurich et fissent ainsi de cet individu un citoyen bernois, sans que les autorités et le droit de Berne fussent pour rien dans cette attribution d'état civil et de cité. Eh bien! c'était inadmissible.

Les deux Chambres, après une longue résistance du Conseil national, finirent par le reconnaître. En conséquence, l'article 8 de la loi porte : « *L'état civil d'une personne, notamment sa filiation légitime ou illégitime, la reconnaissance volontaire ou l'adjudication des enfants naturels et l'adoption, est soumis à la législation et à la juridiction du lieu d'origine. Dans ce cas, le canton d'origine est celui de l'époux, du père ou de l'adoptant* ».

III. PUISSANCE PATERNELLE. — Aux termes de l'article 9, paragraphe 1er, « *La puissance paternelle est régie par la loi du lieu du domicile* ». Le rapport du Conseil fédéral adressé aux Chambres, le 8 juin 1891, indique, parmi les effets de la puissance paternelle qui sont soumis à cette disposition, « le devoir d'éducation, l'obligation de fournir une dot, la tutelle naturelle, le droit sur la fortune et sur le travail de l'enfant, les garanties à donner pour la sauvegarde des biens de ce dernier ». Pour comprendre que la puissance paternelle soit soumise à la loi du domicile, alors que l'état civil dont elle dérive est régi, d'après l'article précédent, par la loi d'origine, il faut se rappeler que pour l'état civil, c'est-à-dire pour la filiation, le droit public du canton originaire est en cause, d'où l'ex-

---

(1) Il est à remarquer que la même raison avait été donnée pour justifier la même règle à l'égard du mariage dans le premier projet du Conseil fédéral (V. message du Conseil fédéral en date du 28 novembre 1662).

coption faite au principe général, mais que ce principe est dans la
prépondérance de la loi du domicile.

L'article 9, paragraphe 2, décide, au contraire, que « *L'obligation
alimentaire fondée sur la parenté est régie par la loi du lieu d'origine de la personne qui doit les aliments* ». Cette nouvelle dérogation
au principe est encore due à une considération de droit public.
Voici comment. Dans les cantons de la Suisse allemande, l'obligation alimentaire des parents les uns envers les autres est en étroite
connexité avec l'obligation d'assistance incombant à la commune ;
les deux institutions forment un tout indivisible. Or, c'est à la
commune d'origine que l'assistance incombe ; la commune du domicile n'a de ce chef que des obligations temporaires.

IV. La tutelle. — Le règlement du conflit des lois cantonales
en matière de tutelle était un des besoins les plus graves et les plus
pressants auxquels dût répondre la loi. Quinze cantons, il est vrai,
Zurich, Berne, Lucerne, Uri, Schwitz, Unterwald, Zoug, Fribourg, Soleure, Schaffhouse, Appenzell, Argovie, Tessin, Thurgovie, Glaris, avaient conclu, le 15 juillet 1822, un concordat dont le
principe était la prépondérance de la loi d'origine. Mais dix étaient
restés en dehors de cet arrangement et même deux, Glaris et Thurgovie, s'en étaient retirés. Or, entre ces divers cantons, d'une part,
puis entre eux et les cantons concordataires, aucune règle n'existait autre que l'exercice par chacun de sa souveraineté. Par conséquent, chacun d'eux avait le droit de soumetre à sa loi la tutelle
d'une personne, si cette personne se trouvait par quelque côté
dépendre de lui. Que l'on suppose un individu mineur établi dans
un autre canton que celui dont il était originaire et possédant des
biens dans d'autres cantons encore. Plusieurs tutelles différentes
pouvaient lui être simultanément imposées : l'une par les autorités
de son canton originaire, une seconde par les autorités de son
domicile, et, en outre, autant d'autres qu'il avait de biens situés
dans divers cantons. Chacun des cantons ayant prise à l'égard de
cet individu exerçait son droit dans la mesure où cela lui était
matériellement possible, c'est-à-dire sur son territoire. C'était
l'anarchie. Bien plus encore, avant la loi fédérale de 1881 qui fixa
à vingt ans la majorité pour tous les Suisses, la même personne
pouvait être ici majeure et libre, ailleurs mineure et en tutelle. Si de
cet état de choses naissaient des instances judiciaires soit devant le
Conseil fédéral, soit devant l'Assemblée fédérale, aucune solution
n'en pouvait être donnée ; les Cours de justice ne pouvaient que

reconnaître à chaque canton le droit d'exercer ses pouvoirs dans les limites de sa souveraineté territoriale. A la vérité, lorsque le Tribunal fédéral eut reçu de la Constitution de 1874, relativement au jugement des conflits de lois, des attributions nouvelles, il eut une tendance à faire prévaloir la loi du domicile sur celle de la situation des biens. Mais cette Cour méconnaissait ainsi les principes du droit positif existant.

Le Conseil fédéral, en abordant la difficulté dans son projet du 28 novembre 1862, eut deux questions à résoudre.

La première était de savoir si, désormais, une loi unique s'appliquerait à chaque tutelle. C'était une question simple et l'affirmative s'imposait. De là il suivit que, parmi les lois concurrentes, celle de la situation des biens fut nécessairement éliminée.

La loi du canton originaire et la loi du canton d'établissement restant seules en présence, la seconde question fut de choisir l'une d'elles, ou bien, dans un système transactionnel, de faire à chacune sa part, d'attribuer à chacune un rôle, une compétence. Il faut remarquer, d'ailleurs, qu'en Suisse, d'ordinaire, certaines autorités cantonales, qualifiées d'autorités tutélaires, président et même participent à la constitution, à la gestion et à la surveillance des tutelles, que par conséquent déterminer la loi cantonale applicable à une tutelle, c'est désigner en même temps et avant tout le canton dont l'autorité tutélaire sera compétente à l'égard de cette tutelle (1).

C'est à l'idée d'une transaction que, dès le début, s'arrêta le Conseil fédéral. Il posa les bases d'un partage d'attributions entre les autorités du canton du domicile et celles du canton d'origine. Le plan général était de confier la constitution de la tutelle aux autorités du domicile de l'incapable, conformément à la loi de leur canton, et de réserver un pouvoir de contrôle sur l'exercice de la tutelle ainsi organisée aux autorités du canton d'origine. Chose remarquable, ces bases demeurèrent intactes du commencement à la fin des travaux préparatoires, qui durèrent trente années. Il y eut des variations et des modifications dans les détails du système, non dans ses lignes générales et essentielles.

Voici le règlement qui, en définitive, a été établi dans les articles 10 à 18 de la loi :

Les articles 10, 11 et 18 posent le principe, à savoir unité de tutelle et, sauf révocation par la suite, octroi de la tutelle à

____

(1) Au sujet de ces autorités tutélaires, voir Paul des Gouttes, p. 140.

l'autorité tutélaire du domicile, avec application de la loi du même lieu. Ces textes sont ainsi conçus : « *La tutelle est régie exclusivement par la loi du domicile de la personne mise ou à mettre sous tutelle. — La tutelle, dans le sens de la présente loi, comprend tant les soins à donner aux personnes placées sous tutelle que l'administration de leurs biens. — La tutelle ne peut être exercée simultanément dans le canton du domicile et dans celui d'origine* ».

Ainsi, la règle qu'avait admise le concordat de 1822 est abandonnée; le canton d'origine est primé par le canton du domicile. Quels en sont les motifs? Ils ne consistent pas en des considérations puisées dans la nature des rapports juridiques. Si l'on s'était placé à ce point de vue, il aurait fallu consacrer l'ancien système. En effet, comme tous les rapports de famille, la tutelle doit être régie par la loi nationale. C'est en quelque sorte de droit commun, c'est-à-dire que c'est la règle généralement admise. En Suisse, il y en aurait une raison particulière : la charge des indigents, qui reste au canton d'origine, implique pour ce canton des devoirs et des droits de protection à l'égard de tous ses citoyens faibles ou incapables. Cette considération paraît avoir été, sinon la cause première et profonde, au moins la cause immédiate et déterminante qui, dans le concordat de 1822, avait fait attribuer la prépondérance au canton d'origine. Or, le même lien subsistant entre ce canton et ceux de ses ressortissants qui tombent dans la misère, il semble que le même lien également devait être maintenu entre ce canton et ceux de ses ressortissants qui ont besoin de protection pour leurs biens et leurs personnes. Mais, en 1891, on ne pouvait plus, comme en 1822, entendre ces raisons. Il a fallu se rendre aux nécessités pratiques. En 1822, le cas d'un mineur domicilié hors de son canton originaire était assez rare et, par conséquent, les difficultés qu'éprouve dans cette situation le canton originaire à constituer et à surveiller la tutelle, ne s'étant pas encore multipliées, ne paraissaient pas insurmontables. Aujourd'hui, c'est un cas très fréquent. De là de grands embarras pour les autorités du canton d'origine.

On a beaucoup insisté sur ce point lors des travaux préparatoires. Le Conseil fédéral, dans son message du 28 novembre 1862, disait : « L'autorité du domicile sera mieux à même de nommer à l'établi un tuteur habitant à proximité du pupille, convenant à ce dernier et capable de bien défendre ses intérêts ; elle sera mieux en position de surveiller l'administration de sa fortune et de prendre une décision sur les questions importantes qui exigent une connaissance exacte des personnes et des choses... Les circonstances actuelles sont tout autres que celles où l'on se trouvait lors du concordat de 1822... Actuellement, il y a beaucoup de communes dont le tiers et jusqu'aux deux tiers des habitants se sont établis au dehors. La gestion de la tutelle de ces forains est devenue pour les autorités communales, qui doivent presque tout faire par correspondance, une charge presque insupportable et entraînant, en outre, de grands dangers financiers, si elles veulent procéder consciencieusement. Ceux qui sont ainsi administrés à une distance éloignée ne s'en trouvent nullement mieux. Aussi est-il également avantageux pour les pupilles et pour les autorités de laisser l'ancien système et de passer au système territorial, où l'administration se limite au territoire de la commune, se simplifie et avec beaucoup moins de peine pourvoit mieux aux intérêts du pupille ».

De plus, en 1888, l'un des rapporteurs de la commission du Conseil national, M. Jolissaint, mettait bien en relief l'un des inconvénients du régime pratiqué dans les cantons concordataires : « Lorsque arrive le décès de la personne qui exerce la puissance paternelle, l'autorité tutélaire du lieu d'origine, qui peut être située à vingt ou trente lieues et même plus loin encore de l'endroit où sont domiciliés les mineurs et où la succession est ouverte, s'empresse de déléguer deux de ses membres pour assister aux opérations de l'inventaire et du partage. Ces opérations peuvent durer des semaines, et les délégués restent en place, vivant largement aux frais des mineurs ou de la masse de la succession. L'autorité tutélaire du lieu d'origine pourrait charger l'autorité tutélaire du domicile des mineurs de la représenter pour éviter les frais. Mais, en général, ce n'est pas ce qui se pratique, et une partie de la fortune des mineurs, de même que de l'actif de la succession, est souvent dépensée d'une manière inutile et quelquefois scandaleuse ».

Les choses étant ainsi, on conçoit que l'accord se soit fait, dès le début, sur la nouvelle règle : les autorités du domicile constitueront suivant la loi de leur canton et dirigeront la tutelle.

Il était d'autant plus aisé d'accepter ce principe que, dès le début également, il fut entendu qu'un pouvoir de contrôle serait réservé aux autorités du canton d'origine. « Cependant, ajoutait le Conseil fédéral, dans son message du 28 novembre 1862, ceci ne doit naturellement pas empêcher qu'un contrôle sérieux ne puisse être exercé par les autorités de la patrie; nous proposons une série de mesures dans ce sens ». Ce fut sur ce point qu'il y eut, par la suite, des variations dans les divers projets qui se succédèrent.

En définitive, ce droit de contrôle se trouve avoir été accordé de la façon la plus large. C'est même plus qu'un droit de contrôle ; c'est aussi, dans une certaine mesure, un droit d'initiative et un droit de direction, de telle sorte qu'on pourrait se demander, à lire certains articles de la loi, si vraiment l'ancien principe du concordat de 1822 ne subsiste pas encore.

Aux termes de l'article 14, « *L'autorité compétente du canton d'origine a le droit de provoquer auprès des autorités compétentes du canton du domicile la mise sous tutelle de ses ressortissants domiciliés dans ce dernier canton. Les autorités ainsi requises sont tenues de donner suite à la demande, si la mise sous tutelle paraît justifiée en conformité du droit du domicile* ».

La loi, dans ce texte, suppose que l'autorité du canton du domicile tarde à remplir son devoir ; l'autorité du canton d'origine a le droit de l'y inviter. L'article 12, prévoyant le cas inverse, ordonne que l'autorité du canton originaire soit avisée : « *L'autorité tutélaire du domicile est tenue d'informer l'autorité du lieu d'origine de la constitution ou de la mainlevée de la tutelle, ainsi que du changement de domicile de la personne sous tutelle ; elle doit également fournir à cette autorité tous les renseignements que celle-ci lui demandera au sujet de la tutelle* ».

Voilà des droits d'initiative et de contrôle importants. Voici maintenant, sur un point, un droit de direction. Aux termes de l'article 13, « *Lorsqu'il y a lieu, en application de l'article 43, 3e alinéa, de la Constitution fédérale, de disposer de l'éducation religieuse d'un enfant sous tutelle, l'autorité tutélaire du lieu du domicile est tenue de demander, à ce sujet, des instructions à l'autorité tutélaire du lieu d'origine et de s'y conformer* ».

D'autre part, une sanction très efficace assure les droits réservés à l'autorité du canton d'origine. L'article 15 porte : « *Lorsque l'autorité du lieu du domicile compromet ou n'est pas en mesure de sauvegarder suffisamment les intérêts personnels ou pécuniaires de la personne placée sous la tutelle, ou les intérêts de sa commune d'origine, ou lorsque l'autorité du domicile ne se conforme pas, en ce qui concerne l'éducation religieuse d'un enfant, aux instructions données par l'autorité du lieu d'origine, celle-ci peut exiger que la tutelle lui soit cédée* ». Dans ce cas, la tutelle lui sera cédée tout entière, conformément au principe de l'article 18.

Toutes ces dispositions pourront engendrer des contestations littigieuses entre les autorités des deux cantons en présence. La loi les a prévues et l'article 16 les soumet en dernier ressort à la juridiction du Tribunal fédéral « siégeant comme Cour de droit public ».

En résumé, le partage d'attributions fait entre le canton d'origine et le canton du domicile n'est pas défavorable au premier. Le Conseil fédéral, dans son rapport du 8 juin 1891 aux Chambres, le constatait en ces termes : « Il est certain que c'est au canton d'origine que l'on a conféré les droits les plus nombreux, on serait même tenté de dire qu'on ne lui a attribué que des droits, tandis qu'on n'imposait que des devoirs au canton du domicile ». Ce langage n'est peut-être pas tout à fait exact ; car, en cette matière, les droits sont des devoirs et les devoirs sont des droits. Mais la vérité est que, dans l'exercice de leurs devoirs et de leurs droits, les autorités tutélaires du canton du domicile sont, jusqu'à un certain point, subordonnées aux autorités du canton d'origine. Les unes ont le pouvoir effectif ; mais les autres gardent un pouvoir de surveillance et comme de révocation, sous le haut arbitrage du tribunal fédéral. Les autorités du canton du domicile agissent en vertu d'une sorte de délégation, consentie par les autorités du canton d'origine, sur l'ordre et suivant les prescriptions de la loi.

V. Régime matrimonial. — Si l'accord s'est fait aisément au sujet de la tutelle, il n'en a pas été de même à l'égard du régime matrimonial. Cette matière est complexe et difficile, au point de vue du conflit des lois, lorsque l'on cherche à la régler d'après la nature des rapports juridiques et sous l'inspiration de principes rationnels. Elle l'est bien plus encore quand, pour faire ce règlement, l'on se guide par des considérations d'utilité pratique, ainsi que l'ont fait les auteurs de la loi du 25 juin 1891. Ils ont eu infiniment de peine à trouver les termes d'une transaction de nature à concilier tous les intérêts. Ce fut même, en 1879, l'impossibilité de s'entendre sur ce point et la lassitude causée par d'interminables discussions qui fit échouer la loi tout entière.

Pour bien comprendre cette partie de la loi, il faut d'abord envisager successivement deux situations : 1° le commencement du mariage ; 2° le cas où, par la suite, les époux viennent à changer de domicile. Il faut ensuite remarquer que, dans chacune de ces situations, le législateur a dû se demander non seulement quelle loi devait être appliquée, mais encore s'il ne fallait pas appliquer doux lois différentes : l'une aux rapports des époux entre eux, l'autre aux rapports des époux avec les tiers. Il faut observer aussi que l'on a eu principalement en vue le cas où les époux n'ont pas fait de contrat de mariage.

Mais, avant d'aborder l'examen de la loi, il importe de constater l'état des choses antérieur, en y distinguant les doux situations qui viennent d'être indiquées.

1° De nombreuses lois pouvaient alors avoir quelque titre à régir les intérêts pécuniaires des époux au début du mariage : celle de la situation des biens, tantôt unique, tantôt multiple; celle de la loi nationale, c'est-à-dire du canton originaire des époux ; celle de leur choix, exprès ou tacite, puisque l'on est en matière de convention; celle du domicile, considéré indépendamment du choix des époux ou combiné avec ce choix, et qui pouvait être ou bien le domicile du mari au moment du mariage, ou bien le domicile matrimonial.

Et les conflits devaient être fréquents; car, au dire du rapporteur de l'une des commissions qui ont préparé la loi, il y a, en Suisse, trente lois ou statuts locaux divers concernant le régime matrimonial (1).

Comment se réglaient ces conflits? Si l'on consulte les lois ou les jurisprudences cantonales, on y trouve deux principaux systèmes. Le Conseil fédéral disait, dans son message du 28 mai 1887 : « Les lois des cantons de Zurich, Zoug, Schaffhouse et Lucerne, celle de ce dernier avec une différence, consacrent toutes expressément l'application de la législation du lieu d'origine aux époux établis; les cantons primitifs et Bâle, ainsi que Fribourg, si l'on en juge d'après la pratique, et sans doute aussi Genève, conformément à une pratique récente, obéissent au même principe. Par contre, Berne, Soleure, Argovie, Tessin, Thurgovie, Saint-Gall et la plupart des cantons de la Suisse occidentale rendent hommage, non sans des modifications et des hésitations, il est vrai, au système de la territorialité (c'est-à-dire admettent l'application de la loi du domicile) ».

Voilà donc deux systèmes opposés. Lorsqu'ils se heurtaient l'un à l'autre, les conflits étaient insolubles. Avait-on pensé au secours des conventions intercantonales ? A la vérité, l'un des concordats du 15 juillet 1822, celui qui était relatif à la faculté de tester et

<hr>

(1) V. le rapport de la commission du Conseil des États, en date du 14 juin 1889.

aux droits d'hérédité, posait en règle, dans son article 3, que les contrats de mariage seraient, quant à leur contenu, comme les successions, soumis aux dispositions législatives et réglementaires du lieu d'origine de l'époux. Mais combien cette clause était insuffisante! Et, quant aux cantons non concordataires, ils étaient absolument libres, tant les uns à l'égard des autres que tous envers les cantons liés par le concordat, d'appliquer chacun le système établi dans sa loi ou considéré par ses tribunaux comme le plus convenable. M. Roguin disait : « Le canton d'origine, celui du domicile, celui de la situation des biens immobiliers ou mobiliers peuvent trancher à leur gré la question intercantonale, et, si le conflit est poussé à fond, c'est finalement le canton de la situation des biens réclamés ou celui devant la juridiction duquel serait traduit valablement le tiers intéressé qui aurait le dernier mot » (1).

2° Lorsque les époux, durant le mariage, viennent à changer de domicile, une question s'élève, celle de l'immutabilité du régime matrimonial ; question difficile, parce qu'il y a de fortes raisons de décider en un sens pour les rapports des époux entre eux et en sens opposé pour les rapports des époux avec les tiers. Avant la loi du 25 juin 1891, elle était rarement prévue dans les législations cantonales. Mais il faut noter le système établi par l'article 1147 du Code de Neuchâtel : « *L'étranger au canton mais qui s'y trouve domicilié... ne pourra se prévaloir des dispositions de la loi étrangère sous l'empire de laquelle son mariage aura été contracté, s'il n'a déclaré par écrit ses intentions au greffe du tribunal du lieu de son domicile et fait publier officiellement sa déclaration* ». Il faut remarquer aussi la proposition qui fut faite, en 1873, au Congrès des jurisconsultes suisses : « insérer dans le Code fédéral la disposition de l'article 9 du projet de Code civil bernois, suivant lequel la loi du lieu où les époux ont leur premier domicile régit l'association conjugale, quel que soit leur changement ultérieur de résidence, tandis que, vis-à-vis des tiers, la loi du dernier domicile est seule applicable, à moins que, lors de leur nouvel établissement, ils n'aient, par une publicité soigneusement déterminée, manifesté l'intention de conserver la loi de leur premier domicile (2) ». M. Roguin ne nous donne sur ce point que peu de renseignements. « La question, dit-il, a été parfois discutée dans la

(1) *Conflits des lois suisses*, p. 222, n° 147.
(2) V. *Bulletin de la Soc. de législ. comp.* de 1874, p. 413.

jurisprudonco suisso, notamment dans un intéressant procès, qui amena lo professeur Wyss à rédiger une consultation ».

C'est cotte difficulté qui, de 1862 à 1891, embarrassa le plus le législateur suisse, dont l'œuvre, maintenant, va être examinée d'après le plan précédemment indiqué.

Première situation. — Des Suisses, originaires (tous deux ou le mari sculement) d'un autre canton que celui où ils sont domiciliés, contractent mariage. En l'absence d'un contrat de mariage (car on ne prévoit pas, ici, le cas de conventions expresses), il s'agissait de savoir quelle loi serait appliquée à leurs intérêts pécuniaires, et si cotte loi serait différente à l'égard de leurs rapports mutuels et à l'égard de leurs rapports avec les tiers.

Cotte situation est relativement simple et les questions qu'elle soulève relativement faciles. Il en est résulté que, durant les travaux préparatoires et dans les divers projets de loi, elle n'a jamais été nottement considérée en elle-même et distinguée de l'autre, qui préoccupait beaucoup plus les esprits. Dans le texte de la loi, de même, olle n'est pas en relief; la règle qui en est donnée se confond avec celles qui ont en vue la seconde situation et qui sont nettement formulées. Il faut cependant l'en dégager, si l'on veut bien comprendre les discussions qui ont eu lieu et le résultat qu'elles ont eu à ce premier point de vue.

Il y avait à choisir entre la loi du canton originaire des époux et la loi du canton où ils étaient établis au moment du mariage. Il ne pouvait être question de la loi de la situation des biens.

Dans son projet initial du 28 novembre 1862 (art. 11), le Conseil fédéral proposa la loi du canton d'établissement, et cela en termes absolus. La commission du Conseil des États n'y contredit pas. Mais le Conseil des États, tout en acceptant la loi du canton d'établissement pour les rapports des époux avec les tiers, fut d'avis que les rapports des époux entre eux devaient être régis par la loi du canton d'origine. La majorité de la commission du Conseil national déclara partager ce sentiment. Elle se préoccupait de la stabilité du régime matrimonial dans les rapports mutuels des époux; elle voulait, à cet effet, que le régime matrimonial reposât sur une loi plus fixe que celle du domicile; et, lors même que l'on eût imposé pour toute la durée du mariage la loi du premier domicile, ce correctif ne lui semblait pas suffisant; à ses yeux, la loi d'origine soule avait à l'égard des époux assez d'importance pour remplir ce rôle. Voilà comment, dès le début, la seconde question do la matière, celle de l'immutabilité du régime matrimonial, influa sur la solution de la première. Ce système fut admis par les Chambres; mais survint l'échec du projet de loi tout entier.

Ce système fut, au contraire, expressément repoussé par le Conseil fédéral dans son projet et dans son message du 25 octobre 1876. Il ne faut pas, dit-il, créer une distinction là où l'unité s'impose. Il proposa donc de nouveau une loi unique, et cette loi fut encore celle du domicile. En voici la raison : « Puisque la Constitution elle-même donne pour règle au législateur la législation du domicile, il ne nous semble pas trop téméraire d'affirmer qu'elle doit être aussi suivie là où elle a le plus d'actualité et là où le plus grand nombre d'intérêts sont en jeu. C'est ainsi que l'on peut le mieux garantir les intérêts du public, qui sait au moins avec certitude quels droits lui donne un contrat et quelles sont les conditions auxquelles il accorde son crédit, tandis qu'en prenant pour principe que c'est la législation du lieu d'origine qui fait règle, le créancier peut souvent ne pas connaître les lois auxquelles sont soumis les biens de son débiteur, sans avoir les moyens de se renseigner exactement et sans perte de temps à ce sujet, difficulté que le mouvement de la population, dans les dernières années, a rendue encore plus sensible (1) ». En conséquence, l'article 6 du nouveau projet débutait ainsi : « *Les rapports de droit civil entre les époux concernant leurs biens sont soumis à la législation et à la juridiction du domicile* ».

Les deux Conseils législatifs, cette fois, se rallièrent au sentiment du Conseil fédéral, dont le projet, du reste, n'aboutit pas, à raison du désaccord profond et persistant qui s'éleva sur la seconde question de la même matière.

Le troisième projet reproduisit à peu près le même texte, fondé sur l'explication suivante : « Abstraction faite des cas où le régime matrimonial est déterminé par un contrat, on doit appliquer non la loi d'origine, mais celle du domicile matrimonial. Comme l'a dit le docteur Rott dans un rapport à la Société des juristes suisses, dans sa réunion de 1884, la patrie effective, c'est-à-dire le domicile, doit l'emporter ici sur la patrie légale, le lieu de l'origine ; les vues et les besoins de la société dans le sein de laquelle vivent les époux sont, au point de vue de la réglementation des rapports de fortune de ces derniers, de beaucoup plus importants et déterminants que

____

(1) Message du Conseil fédéral, en date du 25 octobre 1876.

lo fait quo les époux seraient originaires de tel ou tel canton (1) ».

Une minorité so forma encore en faveur de la loi d'origine dans la commission du Conseil des États; elle fit principalement valoir la connexité qui, suivant elle, existe entre le régime des biens des époux et le droit de succession, qu'elle voulait également soumettre à la loi d'origine.

Mais, en dernier lieu, le Conseil fédéral eut sur ce point gain de cause. L'article 19 de la loi porte : « *Sous réserve de ce qui est dit à l'article* 20 (pour le cas de changement de domicile), *les rapports pécuniaires des époux entre eux sont soumis à la législation du premier domicile conjugal.... Dans leurs rapports avec les tiers, les époux sont soumis à la législation du lieu de leur domicile.....* »

Remarquons que, sur cette question de régime matrimonial, comme en matière de tutelle, on n'allégua en faveur de la règle adoptée que des raisons d'utilité pratique. Dans nombre de pays et notamment en France, la règle suivie est fréquemment la même. Seulement, on se fonde sur un principe, celui de la liberté des conventions matrimoniales; on estime, conformément à une tradition très ancienne, que les époux, en s'abstenant de rédiger des conventions formelles, se réfèrent tacitement au régime légal institué dans le lieu où ils fondent le domicile matrimonial. Le même principe, d'ailleurs, peut conduire à décider que les époux ont choisi le régime établi par leur loi nationale. Eh bien! cette idée n'apparut pas une seule fois dans les discussions qui se prolongèrent sur ce point si longtemps; elle ne fut indiquée ni d'un côté ni l'autre; elle était cependant très favorable aux partisans de la loi du domicile. Un autre principe est invoqué par les jurisconsultes qui sont d'avis de soumettre les intérêts pécuniaires des époux à leur loi nationale : c'est l'intime connexité qui existe entre le régime matrimonial et le mariage. Il ne fut même pas mentionné par les défenseurs de la loi d'origine. Mais, on le conçoit très bien, puisque le mariage, en Suisse, est régi non pas par la loi cantonale originaire, mais uniformément pour tous par une loi fédérale.

Deuxième situation. — Les époux, au cours du mariage, ont changé de domicile. Il y avait à décider s'il en résulterait un changement dans la loi du régime matrimonial et si l'on distin-

---

(1) Message du Conseil fédéral, en date du 28 mai 1887.

guerait, à cet égard, entre les rapports mutuels des époux et leurs rapports avec les tiers.

Dans le premier projet du Conseil fédéral, celui du 28 novembre 1862, il était dit, à l'article 11 : « *Les époux sont placés, pour ce qui concerne leurs rapports de fortune, sous la législation et la juridiction du canton de l'établissement* ». Il en résultait deux choses : 1° le changement de domicile entraînait le changement de loi ; 2° il en était ainsi d'une manière absolue. Dans son message, le Conseil fédéral en faisait lui-même l'observation et disait : « En conséquence, aujourd'hui l'on aura le système de la séparation de biens, demain celui de la communauté ». Il reconnaissait que pour les rapports mutuels des époux c'était une règle défectueuse, que le mari pourrait ainsi par sa seule volonté « changer complètement la position de sa femme au point de vue de la fortune ». Il avouait que c'était contraire au droit commun. Aussi déclarait-il n'avoir pas sans hésitation proposé cette règle. Ce qui l'y avait néanmoins déterminé, c'était la considération du crédit public, plus importante encore, à ses yeux, que celle du péril encouru par la femme. « En général, disait-il, le public est disposé à admettre que les rapports de fortune des personnes domiciliées dans un canton satisfont aux conditions que prescrit la loi du pays ; les relations d'affaires avec ces personnes se meuvent sur cette supposition, qui en général détermine tout leur crédit. C'est pourquoi beaucoup de législateurs prescrivent expressément, spécialement pour les établissements mercantiles, que toute dérogation contractuelle au droit des biens général du pays doit être publiée » (1). Il avait bien pensé à résoudre la difficulté au moyen de deux règles distinctes : l'une pour les rapports des époux entre eux, qui eût été le maintien de la loi première malgré le changement de domicile ; l'autre pour les rapports des époux avec les tiers, qui eût été le changement de la loi avec le changement de domicile. Mais, disait-il, « nous avons craint qu'une telle distinction n'amenât beaucoup de complications ; nous préférons un système plus simple, alors même que quelques défectuosités devraient en être la conséquence ».

Le problème se trouvait ainsi bien posé ; les éléments en étaient franchement indiqués ; une première solution, reconnue critiquable, en était offerte.

Cette solution fut acceptée par la commission du Conseil des

(1) Message du Conseil fédéral, en date du 28 novembre 1862.

États, mais repoussée par ce Conseil, que nous avons vu appliquer aux rapports mutuels des époux la loi du canton d'origine et qui, pour attribuer à cette loi l'immutabilité, s'attacha à la distinction que le Conseil fédéral avait lui-même indiquée. Le Conseil des États fut suivi par la majorité du Conseil national, dont le projet était ainsi conçu : « *Pendant la durée du mariage, les rapports de fortune des conjoints sont placés sous la législation et la juridiction du canton d'établissement, en tant qu'il s'agit de sûretés à offrir aux tiers pour dettes, et demeurent à tous autres égards sous celles du canton d'origine* ». Dans son rapport, cette commission insista sur les inconvénients qu'aurait pour la femme un changement de régime matrimonial : « La femme n'a aucune influence juridique sur le choix du domicile : elle doit se soumettre au mari ; les intérêts les plus importants peuvent donc être compromis par la simple émigration du mari d'un canton dans un autre. Au reste, en cette matière plus qu'en toute autre, la stabilité du droit doit être assurée ; il faut que le régime sous lequel les époux se trouvaient au temps de la conclusion du mariage soit maintenu pendant toute sa durée ». Quant aux rapports des époux avec les tiers, la commission du Conseil national proposa, comme le Conseil fédéral, de les soumettre à la loi du canton où les époux se trouveraient actuellement établis, en disant : « Il n'y a pas lieu de s'attendre à ce que le public avec lequel fraye un couple établi connaisse les lois des vingt-deux cantons en matière de biens. On admet communément que l'obligation de la femme de payer les dettes du mari est celle que règlent les lois du pays où l'on vit. Si donc, en cas de faillite, par exemple, dans un canton où le régime de la communauté est en vigueur et où chacun est accoutumé à considérer la femme comme coobligée, elle pouvait faire prévaloir le principe de la dotation en invoquant le droit de sa patrie, il serait causé par là à des intérêts bien fondés un préjudice qui ne semblerait guère justifié ».

Le Conseil national adopta ce système ; en sorte que, sur les deux questions inhérentes au sujet, dans la première phase de la loi, les Chambres se trouvèrent unies entre elles et en désaccord avec le Conseil fédéral.

Lorsque, dans son projet du 25 octobre 1876, le Conseil fédéral aborda pour la seconde fois la question, il persista dans son sentiment. Nous savons déjà qu'il rétablit la loi du domicile, même à l'égard des rapports mutuels des époux, pour le début du mariage. Prévoyant ensuite le cas d'un changement de domicile, il proposa de décider que la conséquence en serait, du moins en principe, un changement dans la loi du régime matrimonial. Toutefois, à ce principe il apporta, pour le cas où il y aurait un contrat de mariage, un tempérament ainsi conçu : « *Le contrat de mariage valablement conclu ne cesse pas de déployer ses effets juridiques par le fait d'un changement de domicile, à la condition que l'un ou l'autre des époux l'ait fait enregistrer auprès de l'autorité compétente dans le délai de trois mois depuis le changement de domicile. En cas d'omission de cette formalité, c'est la législation du nouveau domicile qui fait règle vis-à-vis des tiers* ». C'était une concession aux principes de la liberté et de la stabilité des conventions matrimoniales dont l'idée semble avoir été puisée dans le Code de Neuchâtel. On faisait remarquer que la loi peut permettre aux époux de substituer au régime légal un régime conventionnel, que telle est la disposition du Code civil français ; on en concluait qu'il n'était pas exorbitant de faire prévaloir le contrat de mariage sur la loi du nouveau domicile des époux, à la condition que le public fût averti. Mais on refusait d'étendre ce tempérament au régime matrimonial résultant de la loi du premier domicile. On n'entendait protéger la femme contre l'effet des changements de domicile que dans le cas où ses intérêts seraient garantis par une convention formelle ; il ne faut pas, disait-on, que le changement de domicile décidé par le mari sans participation peut-être de la volonté de sa femme puisse faire perdre à celle-ci les avantages que la prudence de sa famille lui avait assurés et qui peut-être avaient été la *conditio sine qua non* de son mariage. Au reste, on ne distinguait pas entre les rapports mutuels des époux et les rapports des époux avec les tiers.

Les deux Conseils législatifs, unis en 1863, se séparèrent au sujet de ce second projet du Conseil fédéral. Alors que le Conseil national l'avait adopté, le 18 novembre 1876, sous la réserve de quelques modifications de détail, le Conseil des États y opposa, le 16 juin 1877, un contre-projet, dans lequel, acceptant la loi du domicile au début du mariage, il voulait du moins que le régime matrimonial établi, soit par la loi, soit par un contrat de mariage, fût toujours immuable entre les époux et même le fût aussi envers les tiers s'il était publié par un enregistrement au nouveau domicile. C'était le système proposé au Congrès des jurisconsultes suisses en 1873 (1). Le dissentiment entre les deux Conseils fut tel

(1) Se reporter ci-dessus, p. 38.

et si persistant qu'il entraîna le vote négatif du Conseil national. Cette question fut l'écueil contre lequel, pour la seconde fois, vint échouer la loi tout entière.

Le troisième projet du Conseil fédéral, présenté le 28 mai 1887, ressemblait beaucoup à celui qui vient d'être analysé. Le changement de la loi du régime matrimonial y était encore la conséquence du changement de domicile, sans distinction des rapports mutuels des époux et des rapports des époux avec les tiers. Seulement, le Conseil fédéral étendait au régime légal la concession qu'il avait précédemment faite au régime conventionnel, c'est-à-dire permettait de maintenir expressément l'un ou l'autre, en modifiant un peu la condition à laquelle cette immutabilité était soumise. L'article 15 portait : « *Toutefois, en cas de transfert du domicile dans un autre canton, chacun des deux époux peut, sur l'interpellation qui doit lui être adressée d'office par l'autorité, maintenir le régime matrimonial établi par un contrat de mariage valable ou par la législation du premier domicile des époux, pourvu qu'il en fasse la déclaration dans les trois mois de cette interpellation... Elle déploie ses effets tant entre les époux que vis-à-vis des tiers* ».

Le Conseil national, avec de légers amendements, se rallia encore à ce système. Mais la commission du Conseil des États, le 14 juin 1889, reproduisit la distinction toute différente qui, plusieurs fois déjà, au cours des travaux préparatoires, avait été proposée et sur laquelle, notamment, les deux Conseils avaient été d'accord en 1863. « La loi qui fixe le régime matrimonial, dit-elle, doit régler d'une manière positive, pour la vie entière, les relations économiques des époux, relations dont découlent toute une série de droits et d'obligations. Il est donc de l'essence de cette loi d'être en tout temps et en tous lieux à l'abri des modifications. Quant au régime conventionnel, il y a plus encore, son immutabilité résulte déjà de l'inviolabilité des droits acquis. Rappelons enfin que les changements de domicile dépendent du mari seul et que, dans un cas donné, la supposition que la femme s'est soumise volontairement à la loi du nouveau domicile peut être absolument erronée, l'application du nouveau régime causant même, dans l'espèce, un préjudice grave aux intérêts de la femme ». Mais, du reste, vis-à-vis des tiers créanciers, la commission fut d'avis que la loi du domicile actuel devait seule faire règle, sans même admettre le tempérament imaginé par le Conseil fédéral, consistant à permettre le maintien du régime matrimonial, à la condition qu'il fût publié. « Cette publication, dit-elle, serait un trompe-l'œil sans aucune valeur réelle ».

En dernier lieu, malgré les votes émis par le Conseil des États, en 1889 et en 1890, en faveur d'une immutabilité presque absolue, grâce à une entente préparée par les deux commissions réunies en 1891 et moyennant un nouvel amendement, ce fut ce système qui prévalut. A l'égard des tiers, le régime matrimonial des époux est soumis à la loi de leur dernier domicile, sauf le respect des droits acquis; dans les rapports des époux, la législation du lieu du premier domicile conjugal est maintenue; toutefois, il est permis aux époux, s'ils le préfèrent, d'adopter pour leurs rapports mutuels la législation du dernier domicile, à la condition d'avoir l'assentiment de l'autorité compétente et de faire en ce sens une déclaration commune à l'office cantonal.

Voici, au surplus, le texte de la loi sur l'ensemble du régime matrimonial :

« ART. 19. — *Sous réserve de ce qui est dit à l'article 20, les*
« *rapports pécuniaires des époux entre eux sont soumis, pour toute*
« *la durée du mariage, à la législation du lieu du premier*
« *domicile conjugal, alors même que les époux auraient, dans la suite,*
« *transféré leur domicile dans leur canton d'origine. Dans le doute,*
« *on considère comme premier domicile conjugal celui du mari au*
« *moment où le mariage a été célébré.*

« *Dans leurs rapports avec les tiers, les époux sont soumis à la*
« *législation du lieu de leur domicile; cette législation fera seule*
« *règle, en particulier, quant aux droits de la femme vis-à-vis des*
« *créanciers du mari en cas de faillite de ce dernier ou de saisie*
« *pratiquée contre lui.*

« ART. 20. — *Lorsque les époux changent de domicile, ils peu-*
« *vent, avec l'assentiment de l'autorité compétente du nouveau*
« *domicile, adopter également pour leurs rapports entre eux la*
« *législation du nouveau domicile, moyennant une déclaration*
« *commune faite en ce sens à l'office cantonal compétent (art. 36,*
« *lettre b)*

« *La déclaration rétroagit à l'époque où le régime matrimonial*
« *a commencé à produire ses effets.*

« ART. 21. — *Les droits acquis par des tiers à un domicile*
« *conjugal, par des actes juridiques particuliers, ne sont nullement*
« *modifiés par un changement de domicile des époux.* »

C'est ainsi qu'a été réglée cette importante et difficile matière. Le Conseil fédéral, dans le rapport qu'il a adressé aux Chambres, le 8 juin 1891, reconnaît que la loi « ne consacre pas une solution idéale ». Mais, dit-il, il fallait nécessairement aboutir à une transaction entre les idées en présence et, en somme, celle à laquelle on s'est arrêté paraît très acceptable. L'avenir dira s'il a raison. Le doute est permis, car on a séparé ce qui est indivisible et mutilé le principe de l'immutabilité du régime matrimonial. Ce principe est susceptible de tempéraments, sans doute ; mais ne pas l'appliquer aux rapports des époux avec les tiers et penser qu'il demeurera néanmoins intact quant aux rapports des époux entre eux, c'est se faire illusion. La plupart des règles établies en vue des tiers sont en étroite connexité avec les règles concernant les rapports des époux entre eux ; celles-là, si elles dépendent d'une loi différente, peuvent, réagissant sur celles-ci, les altérer et même les détruire. On a donc fait un partage là où la nature des choses imposait l'unité et sacrifié la sécurité des époux à l'intérêt des tiers en une matière où la sécurité des époux devait être le but essentiel de la loi.

SECTION C. — **Droit successoral.** — Cette matière était l'objet de l'un des concordats du 15 juillet 1822, du concordat *relatif à la faculté de tester et aux droits d'hérédité*, qui l'avait réglée de la façon suivante (1). A l'ouverture d'une succession, les autorités du domicile avaient compétence pour veiller aux mesures conservatoires, telles que scellés et inventaire. Mais c'était d'après la loi du canton originaire du défunt qu'avait lieu la dévolution successorale soit *ab intestat*, soit en vertu d'un testament ou d'un contrat de mariage, et que la faculté de tester était ou non accordée ; de même, s'il s'élevait quelque litige sur les droits héréditaires, c'était au juge du canton d'origine qu'il appartenait d'en connaître. Aucune distinction n'était faite, en principe, entre les immeubles et les meubles ; toutefois, les immeubles situés dans un canton ne pouvaient être grevés, ni par testament, ni par contrat de mariage, d'aucune charge incompatible avec les lois de la situation.

Si dans ce pacte on avait choisi la loi du canton d'origine, c'était probablement, d'après M. Roguin (2), à raison du régime d'assis-

---

(1) V. le texte dans l'ouvrage de M. Roguin, p. 868.
(2) *Conflits des lois suisses*, p. 298.

tance usité en Suisse : le canton d'origine ayant l'obligation d'entretenir ses sujets indigents, même domiciliés hors de son territoire, on avait estimé logique et juste que la dévolution successorale des biens de ses sujets fût soumise à ses tribunaux et à ses lois. J'ai déjà dit que, selon moi, ce motif n'était que secondaire, que la véritable cause était plus haute, résidait dans le sentiment qu'avaient les cantons de leur souveraineté personnelle (1).

Le concordat de 1822 unissait, en 1891, les cantons de Zurich, Berne, Lucerne, Uri, Schwitz, Unterwald-le-Haut, Unterwald-le-Bas, Zoug, Soleure, Schaffhouse, Appenzell Rhodes-Intérieures, Argovie et Tessin.

Entre les cantons non concordataires et entre ces cantons et les cantons concordataires, c'était le principe de la pleine souveraineté qui faisait loi. Chacun d'eux, en conséquence, était libre d'appliquer aux successions sur lesquelles il avait matériellement prise la loi qui lui paraissait le mieux convenir : soit celle de la situation, qu'il s'agît d'immeubles ou de meubles, soit celle de l'origine, soit celle du domicile. Et de là le démembrement fréquent d'une succession en plusieurs parties, régies par des législations différentes.

Dès le début des travaux préparatoires, on adopta pour principe l'unité de la succession tout entière, quelle que fût la situation des biens et sans distinction des meubles et des immeubles; on élimina, par conséquent, du concours la loi de la situation. On eut à choisir entre la loi du canton dont le défunt était originaire et la loi de son dernier domicile.

Le Conseil fédéral, dans son premier projet, le 28 novembre 1862, proposa la loi du domicile. Il n'en dit pas la raison. Il s'attacha bien à justifier le principe de l'unité de loi par un motif d'utilité pratique, à savoir que ce système permettait une liquidation uniforme et que les cantons concordataires en avaient déjà fait une expérience heureuse. Mais pourquoi la loi unique devait-elle être, désormais, celle du domicile, tandis que jusqu'alors elle avait été celle de l'origine ? Rien sur ce point, si ce n'est que de l'application de la loi du domicile résulterait pour la liquidation une plus grande promptitude. Le Conseil fédéral affecta d'ailleurs de considérer comme d'importance minime pour l'intérêt public que la succession fût régie par telle loi plutôt que par telle autre et que, par

(1) V. ci-dessus, p. 9.

conséquent, les biens en fussent dévolus à tels ou tels parents. C'était faire bien peu de cas de la diversité des lois cantonales. Le Conseil fédéral ne se dissimula pas, d'autre part, que la compétence de la loi du domicile aurait un inconvénient, celui de laisser aux individus la faculté de choisir, au moyen d'un simple transfert de leur établissement, la loi de leur succession, notamment de se procurer une liberté de tester que ne leur aurait pas accordée la loi de leur origine. Mais, à ses yeux, cet inconvénient n'était pas bien grave.

La commission du Conseil des États, dans son rapport du 13 janvier 1863, consentit à prendre pour principe la loi du canton d'établissement, mais en proposant cette réserve en faveur de la loi d'origine : « *Cependant, les testaments, les conventions matrimoniales et les institutions contractuelles sont aussi valides lorsqu'ils sont conformes aux prescriptions de la loi d'origine et restreignent, à cet égard, les droits afférents aux héritiers* ab intestat *d'après la législation du canton d'établissement* ».

Cette combinaison doit être remarquée, car c'est elle qui en définitive a été adoptée. Mais elle ne devait prévaloir qu'après une lutte analogue à celle qui ont pour objet le régime matrimonial.

Effectivement, le projet de la commission du Conseil national fut diamétralement contraire. Il portait (art. 9 et 10) : « *La succession d'un Suisse est réglée dans son entier par les mêmes lois qui sont celles du canton d'origine. Pareillement, le juge compétent pour prononcer sur les difficultés auxquelles donne lieu une succession est exclusivement celui du canton d'origine* ». Ainsi, c'était le système du concordat de 1822 que la commission du Conseil national, réserve faite de l'opinion dissidente de deux de ses membres, estimait le meilleur. Et, chose rare dans les discussions concernant la loi du 25 juin 1891, elle en donna une raison de principe. « On ne saurait nier, dit-elle, que les droits de succession sont du nombre de ceux qui sont, en un certain sens, inhérents à la personne... Ils ne devraient pas changer à chaque mutation de domicile » (1). Elle se prévalut, en outre, du concordat de 1822 et de la convention franco-suisse de 1828, qui soumettait les successions au droit de la patrie du défunt. Elle ajoutait que l'amélioration des moyens de transport diminuait beaucoup la difficulté de liquider la succession au lieu d'origine. Elle faisait enfin remarquer que, pour les Suisses disposés à changer de domicile, mais attachés à la loi successorale

____

(1) Rapport, en date du 20 mai 1863, de la commission du Conseil national.

de leur canton d'origine, la perspective de perdre la protection de cette loi pourrait bien les retenir. Ces raisons étaient sérieuses et le projet fut voté par le Conseil national.

Cependant, le 25 octobre 1876, le Conseil fédéral présenta de nouveau son système, sans même prendre la peine de discuter la proposition contraire ni de motiver ses vues autrement que par un renvoi à son précédent message. Et, chose étonnante, ni l'un ni l'autre des Conseils législatifs ne lui opposa sur ce point la moindre résistance. Peut-être leur attention fut-elle concentrée tout entière sur la partie du projet concernant le régime matrimonial.

Mais, en présence du troisième projet, alors que le Conseil national abandonnait définitivement sa première opinion, ce fut la commission du Conseil des États qui la fit sienne à son tour et qui la fit admettre, le 21 juin 1889, par ce Conseil.

En dernier lieu, grâce aux efforts des deux commissions réunies en 1891, une transaction s'est effectuée en cette matière de même qu'au sujet du régime matrimonial. On est revenu, en l'amendant, à la combinaison proposée, en 1863, par la commission du Conseil des États. Le principe constamment soutenu par le Conseil fédéral a été consacré, mais avec un tempérament analogue à celui que la commission du Conseil des États avait proposé. L'article 22 porte : « *La succession est soumise à la loi du dernier domicile du défunt. On peut, toutefois, par une disposition de dernière volonté ou un pacte successoral, soumettre sa succession à la législation du canton d'origine* ». Dans ce dernier cas, le juge appliquera la loi d'un autre canton que le sien ; car la juridiction appartient toujours aux autorités du lieu du domicile, en vertu de l'article 23, ainsi conçu : « *La succession s'ouvre, dans les deux cas, pour la totalité des biens qui la composent au dernier domicile du défunt* ».

Les autres textes relatifs au droit successoral ne présentent qu'un intérêt secondaire. Il convient, toutefois, de signaler l'article 24, concernant la forme dans laquelle peuvent être rédigés les dispositions de dernière volonté, les pactes successoraux et les donations à cause de mort. Le législateur a cru devoir s'expliquer sur ce point et s'est montré extrêmement libéral, car il permet de se référer soit au droit du lieu où l'acte est passé, soit à celui du canton où le disposant est domicilié lors de la passation de l'acte, soit au droit de son dernier domicile, soit au droit de son canton d'origine.

IV.

L'impression que l'on éprouve en terminant cette étude est bien conforme au sentiment avec lequel on l'a abordée. Nous savions que les auteurs de la loi du 25 juin 1891 avaient mission d'appliquer une règle générale, celle de la prédominance de la loi du domicile, avec la liberté d'y apporter tels tempéraments qu'ils jugeraient convenables. Nous savions que cette règle avait sa raison d'être non dans un principe rationnel, mais dans des vues utilitaires, qu'elle s'expliquait aussi par l'affaiblissement de l'idée de nationalité cantonale, qu'elle répondait enfin au besoin d'unité dans les lois. Nous nous attendions donc à en trouver une application aussi large que possible, dirigée par des considérations d'utilité pratique. Or, c'est bien ce qui s'est produit. La capacité civile des personnes mariées, la capacité de tester, la puissance paternelle et la tutelle, qui touchent de si près à l'état des personnes, qui même en dérivent, sont soumises, dans le droit intercantonal de la Suisse, à la loi du domicile; et la loi du domicile, ici, ne s'applique pas comme loi personnelle, à raison du lien qui rattacherait les matières dont il s'agit à la condition des personnes; elle s'applique, au contraire, à titre de loi territoriale, à raison du lien qui unit les personnes établies ou en séjour au territoire du canton où elles ont leur domicile. De même, en ce qui concerne le régime matrimonial, si la loi du domicile soit conjugal, soit actuel, a été choisie, ce n'est ni parce que le régime matrimonial est en étroite relation avec le mariage, ni parce que, dans cet ordre d'idées, l'intention des époux doit être suivie, c'est parce que les époux sont fixés au territoire et que l'application de la loi territoriale est favorable aux tiers. Pareillement encore, la loi du domicile du défunt régira la dévolution successorale de ses biens non pas en tant que règlement d'intérêts de famille fondé sur la parenté et se reliant à l'état des personnes, mais à cause des facilités qui pour la liquidation résulteront de cette règle. Ainsi, partout et toujours, la loi du domicile intervient comme loi territoriale et comme loi recommandée par l'utilité pratique.

Une certaine part, cependant, a été faite à la souveraineté personnelle, si affaiblie qu'elle soit. L'état des personnes, en particulier leur filiation légitime, naturelle ou adoptive, lui sont laissées. Puisque le droit de cité subsiste encore, il ne pouvait pas ne pas être régi pour chaque canton par sa propre loi et soumis à ses propres juges. On l'a compris, mais tardivement et non sans des dissentiments tenaces; à certains esprits il ne répugnait pas qu'un individu fût déclaré citoyen de Berne par les autorités et selon le droit de Zurich. Chacun des cantons demeure donc encore, à la vérité par la grâce d'une loi fédérale et non plus en vertu d'une pleine et véritable souveraineté, maître de son droit public. Les cantons conservent aussi quelques droits extraterritoriaux, considérés comme corrélatifs à leurs devoirs d'assistance envers leurs citoyens domiciliés hors de leur territoire : la loi du canton originaire doit être appliquée par les juges du domicile à l'obligation alimentaire fondée sur la parenté; en matière de tutelle surtout, les autorités du canton originaire gardent une somme de pouvoirs considérable. Enfin, les juges du domicile doivent appliquer à la succession la loi d'origine du défunt, si le défunt l'a demandé lui-même. Seulement, ici, le motif n'apparaît guère; on semble avoir voulu que la liberté d'établissement ne fût pas entravée par l'attachement de certaines personnes à la loi successorale de leur canton d'origine.

Un partage a donc été fait par la loi fédérale entre la souveraineté territoriale et la souveraineté personnelle des cantons. Il n'est pas sans intérêt de remarquer que, dans la lutte dont ce règlement est le résultat, les avocats de la souveraineté territoriale ont été, d'ordinaire, non toujours d'ailleurs, le Conseil fédéral et le Conseil national. On le conçoit : le premier avait l'initiative d'un projet de loi qui devait être la mise en œuvre du principe constitutionnel confié à sa garde; le second était plus particulièrement l'interprète des besoins populaires auxquels répondaient la prédominance de la loi du domicile et l'unification du droit. Le Conseil des États, au contraire, en qualité de représentant des cantons, devait naturellement défendre autant que possible leur souveraineté personnelle, qui, bien plus que leur souveraineté territoriale, constitue le trait caractéristique de leur autonomie. De même qu'en 1863 il avait fait repousser le premier projet de loi, de même, de 1876 à 1891, il combattit pour la loi d'origine en matière de filiation, de régime matrimonial et de successions, parce qu'il avait conscience de l'amoindrissement que la prédominance de la loi du domicile allait faire subir à l'autonomie cantonale.

Il faut, pour avoir une idée absolument précise et exacte du règlement qui vient d'être exposé, se bien pénétrer du caractère tout à fait singulier qu'il présente. Répondant à cette situation si particulière que j'ai précédemment décrite, il n'est semblable à aucun autre système, ni ancien ni moderne.

Autrefois, lorsque la théorie des statuts se produisit et se développa en Italie, en France, dans les Pays-Bas et en Allemagne, il y avait conflit entre les statuts ou les coutumes de villes, de seigneuries, de provinces ou de localités qui n'étaient pas, au point de vue politique, des États souverains, comme l'ont été et le sont encore jusqu'à un certain point les cantons formant la Confédération helvétique. Il n'y avait donc pas place, alors, dans ces pays, à une opposition de la loi nationale et de la loi du domicile en matière de statut personnel et, par conséquent, il ne s'était pas fait de partage analogue à celui que vient d'admettre la loi du 25 juin 1891. Le domicile déterminant seul la patrie juridique, la loi du domicile régissait seule le statut personnel. Le domicile venant à changer, la loi du statut personnel changeait en même temps et d'une manière absolue. Trois jurisconsultes français, il est vrai, Froland, Boullenois et Bouhier, tentèrent, au XVIII° siècle, de réagir contre cette règle et de maintenir sous la loi du domicile d'origine quelques points du statut personnel. Mais ils se heurtèrent à un fait invincible, à savoir que le domicile constituait la patrie juridique, et à la règle, également inéluctable, que le changement de patrie entraîne le changement de la loi du statut personnel, réserve faite des droits acquis (1). Il serait d'ailleurs intéressant de comparer leur système à celui de la loi du 25 juin 1891, à l'égard du partage effectué entre la loi d'origine et la loi du dernier domicile. On y relèverait des tâtonnements, des dissentiments et des contradictions analogues à ceux que présentent l'histoire et le texte de la loi actuelle. D'où la preuve que, là où il n'y a pas opposition nette et profonde entre une loi vraiment nationale et la loi du domicile, où l'on est en présence d'une situation intermédiaire, soit que l'on veuille affirmer et douer de prérogatives la loi d'origine en face de la loi du domicile jusque là seule maîtresse, comme le firent nos anciens auteurs, soit que l'on veuille, par une innovation contraire, enlever à la loi d'origine une partie de ses attributs traditionnels au profit de la loi du domicile, comme l'a fait le présent règlement, l'on rencontre à l'exécution logique de

(1) Qu'il me soit permis d'indiquer que ce chapitre de la théorie des statuts est traité dans mon *Introduction au droit international privé*, au tome II, p. 109 et suiv.

cette œuvre des obstacles à peu près insurmontables. Il y a, de plus, à observer qu'autrefois la loi du domicile fonctionnait comme loi personnelle, comme loi non seulement relative, mais extraterritoriale, tandis que dans la loi suisse elle intervient comme loi strictement territoriale.

Le système allemand moderne, à l'égard du conflit des lois allemandes entre elles, n'est pas autre chose que l'ancienne théorie des statuts, persistant, jusqu'au prochain Code, avec la situation dans laquelle cette doctrine s'était autrefois formée. Par conséquent, entre ce système et le règlement intercantonal établi par la loi du 25 juin 1891 existent aussi les différences qui viennent d'être signalées. Les auteurs de la loi ont cru s'inspirer du système allemand; plusieurs fois ils l'ont dit: ils se sont fait illusion.

Ils se sont plutôt rapprochés, sans trop en avoir conscience, de la conception dominante aux États-Unis, dans les Cours et dans l'ouvrage de Story, à savoir que la loi territoriale, celle de l'État où siège le juge, est applicable, sinon à l'état civil des personnes originaires des autres États, du moins aux conséquences de l'état civil, telles que puissance maritale et capacité de la femme, puissance paternelle, tutelle ou curatelle, et que la loi de la succession mobilière est la loi du lieu où le défunt, à sa mort, avait son domicile. Mais combien de différences encore, tenant au fait que les cantons de la Confédération helvétique ont joui et continuent jusqu'à un certain point à jouir d'une souveraineté que ne connaissent pas les États de la grande République américaine!

Il faut remarquer, d'autre part, bien que la décision contraire adoptée, en 1889, par le Congrès de Montevideo enlève à cette observation beaucoup de son importance, que le Congrès des juristes américains, tenu à Lima en 1878, avait proposé de *régler* le conflit des législations sud-américaines, en matière d'état et de capacité des personnes, par la prédominance de la loi de leur domicile d'origine.

De même enfin, lorsque le Code civil de 1889, en Espagne, a maintenu, dans son article 12, les *fueros* de l'Aragon, des îles Baléares, de la Catalogne, de la Navarre et de la Biscaye, il a soumis, dans son article 15, le conflit de ces coutumes, en matière de statut personnel, à la loi d'origine des personnes plutôt qu'à la loi de leur domicile, assimilant ainsi le plus possible la solution du conflit des lois locales entre elles à la solution du conflit de la loi espagnole avec les lois étrangères. En d'autres termes, bien que les provinces dont les *fueros* sont maintenus n'aient aucune souveraineté politique, ce Code institue pour le conflit de leurs lois un régime analogue à celui que les concordats de 1822 avaient choisi pour le conflit des lois cantonales. Le système de la loi fédérale suisse de 1891 est donc diamétralement contraire à celui du Code civil espagnol de 1889.

Maintenant, quelle est la valeur et quel sera l'avenir du règlement intercantonal établi par la loi du 25 juin 1891 ? Inventé pour donner satisfaction, malgré l'état fédératif du pays, à des nécessités pratiques, il vaut mieux que l'absence de toute règle. Mais, presque entièrement dénué de bases rationnelles, constitué, en certaines matières importantes, notamment celle des successions et des testaments et surtout celle du régime matrimonial, par une série de tâtonnements et de transactions entre opinions opposées, il a le caractère d'une loi d'expédient, non de principe, et par conséquent il ne sera probablement pas de longue durée. Quand l'expérience en aura révélé et fait sentir les défauts, il ne suffira plus pour apaiser les plaintes suscitées par la diversité des lois, et, comme il aura tout à la fois gravement ébranlé la souveraineté législative des cantons et énervé leurs législations, il se trouvera avoir rempli le rôle de précurseur et d'agent décisif de la fusion des lois suisses en un Code unique.

DEUXIÈME PARTIE.

Le Droit international.

I. Historique de la loi : silence du projet du 22 novembre 1862 ; deux dispositions dans le projet du 25 octobre 1876 ; deux titres dans la loi du 25 juin 1891. — II. Des rapports de droit civil des Suisses à l'étranger. — III. Des rapports de droit civil des étrangers en Suisse. — IV. Observations sur le principe admis, qui est encore la prédominance de la loi du domicile : quelle en est exactement la portée ; exposé et réfutation des motifs qui en ont été donnés.

I.

Le conflit des lois suisses avec les lois étrangères n'a occupé les auteurs de la loi que tardivement et d'une façon tout à fait secondaire.

Le projet du 28 novembre 1862 l'avait absolument omis; et cela se conçoit bien, puisque les Chambres n'avaient pas invité le Conseil fédéral à proposer un règlement de cette matière.

Le projet du 25 octobre 1876, néanmoins, y consacrait deux dispositions, mais très brèves. D'un côté, l'article 13, concernant les successions, contenait cette phrase : « *La succession d'un citoyen suisse domicilié hors de la Suisse est soumise à la législation et à la juridiction de son lieu d'origine, dans la limite où le droit suisse doit être appliqué.* » C'était tout quant aux rapports de droit civil des Suisses à l'étranger. D'autre part, un article spécial, portant le numéro 15 et placé sous la rubrique *Étrangers*, était ainsi conçu : « *Les dispositions de la présente loi sont applicables aux étrangers domiciliés en Suisse, sauf stipulations contraires des traités.* » Les deux Conseils législatifs acceptèrent bien la disposition insérée dans l'article 13, mais ils supprimèrent l'article 15. Ils étaient d'avis que le pouvoir fédéral n'avait pas le droit de régler le conflit des lois suisses avec les lois étrangères; les articles 46 et 47 de la Constitution de 1874 ne lui donnaient mandat, pensaient-ils, que relativement au conflit des lois suisses entre elles.

Loin de partager cette opinion, le Conseil fédéral, dans son projet du 28 mai 1887, reproduisait ses premières propositions et même, leur donnant un peu plus d'ampleur, en fit l'objet de deux sections, composées chacune de trois articles : l'une pour la *Situation des Suisses à l'étranger*, l'autre pour la *Situation des étrangers en Suisse*. Il estimait que l'esprit, sinon le texte, de la Constitution attribuait compétence, à cet égard, au pouvoir fédéral. Effectivement, la Constitution donnait au pouvoir fédéral qualité pour conclure des conventions internationales en vue de régler les rapports internationaux de la Suisse; n'était-ce pas l'investir implicitement du droit de régler les mêmes rapports par voie législative? La question, d'après le Conseil fédéral, était donc non pas de savoir si le pouvoir fédéral avait compétence pour faire une loi sur la matière, ce qui ne pouvait être sérieusement contesté, mais de savoir s'il existait en faveur de cette entreprise des raisons d'utilité pratique. Or, il le pensait et s'attachait à le démontrer dans son message.

Les Conseils législatifs, cette fois, se rallièrent à son sentiment et se bornèrent à apporter au projet quelques modifications de détail. Finalement, la loi nous offre sur la matière non pas seulement deux sections, mais deux titres.

II.

Le *Titre deuxième* de la loi traite « *Des rapports de droit civil des Suisses à l'étranger.* » Les dispositions de ce titre, composé des articles 28 à 31, peuvent être réparties en trois groupes : le premier (art. 28) comprend le droit des personnes, le droit de famille et le droit successoral ; le second (art. 29 et 30) est relatif à la tutelle ; le troisième (art. 31), au régime matrimonial.

I. L'article 28, alinéa 1, est ainsi conçu : « *Les règles suivantes sont applicables aux Suisses domiciliés à l'étranger pour tout ce qui concerne le droit des personnes, le droit de famille et le droit successoral, sauf toutefois les clauses spéciales des traités internationaux.* »

Le législateur prévoit deux hypothèses et donne des règles différentes selon qu'il est en présence de l'une ou de l'autre.

En vue de la première hypothèse, il est dit : « *1° Si, d'après la législation étrangère, ces Suisses sont régis par le droit étranger, ce n'est pas ce droit néanmoins, mais celui du canton d'origine qui est appliqué à leurs immeubles situés en Suisse ; c'est également le canton d'origine qui exerce la juridiction en pareille matière.* »

Cette disposition n'a pas été expliquée ; en un point, cependant, un commentaire en eût été utile. On suppose que, dans le pays où des Suisses ont leur domicile, c'est la législation locale qui est appliquée aux étrangers en matière de droit des personnes, de droit de famille et de droit successoral, suivant un principe semblable à celui que l'article 32 posera bientôt pour les étrangers domiciliés en Suisse. On accepte tacitement, par réciprocité, cette règle. Mais on fait une réserve expresse pour les immeubles situés en Suisse ; quelle en est la portée, voilà ce qui est obscur. Quant au droit des personnes et de famille, on ne voit guère de lois étrangères pouvant affecter les immeubles situés en Suisse, à moins qu'il ne s'agisse des dispositions concernant l'usufruit légal des père et mère. Le législateur a sans doute fait allusion au droit successoral et entendu dire qu'en matière de succession, relativement aux immeubles situés en Suisse, on ne tiendra compte ni des lois ni des sentences étrangères ; ce sera la justice du canton originaire qui statuera et ce sera la loi de ce canton qui sera appliquée. Voilà entre le droit intercantonal et le droit international une différence remarquable et certaine. Mais quel en est le sens exact ? A-t-on rangé les successions dans le statut réel? S'il en était ainsi, on eût attribué compétence, et en droit intercantonal et en droit international, à la justice et à la loi du canton où les biens sont situés. Serait-ce, au contraire, que le législateur a rattaché les successions au statut personnel et entendu les soumettre à la loi nationale du défunt, comme le faisait le concordat de 1822 et comme le demande, aujourd'hui, la doctrine la meilleure? Mais alors on s'expliquerait difficilement, d'abord, que la règle fût autre en droit international qu'elle n'est en droit intercantonal, puis et surtout que, au premier point de vue, elle fût autre pour les meubles qu'elle n'est pour les immeubles. Il semble bien que, sur ce point encore, les auteurs de la loi de 1891 ont statué sans se guider par un principe quelconque. Il me paraît probable que, sans se préoccuper de savoir si les successions appartiennent au statut personnel ou au statut réel, ils ont abandonné les meubles à la loi étrangère parce que d'ordinaire les meubles sont situés au domicile du défunt, et qu'ils ont retenu sous l'empire de leurs lois les immeubles situés en Suisse parce qu'en fait ces biens sont hors de l'atteinte du droit étranger et que l'ingérence du droit étranger en cette matière leur a paru inadmissible. On comprend bien, d'ailleurs, qu'ils aient attribué compétence à la justice et à la loi du canton originaire; car l'application de la loi du lieu de la situation aurait amené, dans certains cas, le démembrement de la succession immobilière.

En vue de la deuxième hypothèse, il est dit : « 2° *Si, d'après la législation étrangère, ces Suisses ne sont point régis par le droit étranger, c'est le droit du canton d'origine qui leur est appliqué, et c'est également ce canton qui exerce la juridiction.* »

L'interprétation de ce texte est facilitée par les explications que le Conseil fédéral en a données dans son message du 28 mai 1887. On a prévu le cas où des Suisses auraient leur domicile dans un pays où la juridiction locale a compétence pour statuer à l'égard des étrangers en matière de droit des personnes, de droit de famille et de droit de succession, mais doit appliquer leur loi nationale. C'est, dans une certaine mesure, ce qui a lieu en France et c'est précisément la France que le Conseil fédéral a eue en vue. Dans ce cas, a-t-il dit, nous n'ignorons pas qu'en France on est fort embarrassé pour appliquer le droit suisse; on ne sait de quel canton suivre la loi; personne ne peut le dire, pas même les représentants ou les autorités de notre pays. Eh bien, désormais, on saura que c'est la loi du canton suisse dont l'intéressé est originaire. Soit! Mais une disposition de cette nature n'a vraiment pas le caractère législatif; elle serait mieux à sa place dans une convention international. Il y a plus, n'ayant pas le caractère législatif, elle est mal rédigée; le texte est conçu comme si la loi du canton originaire devait être appliquée en Suisse.

Il en est résulté de la part des rédacteurs une méprise, quand ils ont ajouté ce membre de phrase : « *Et c'est également ce canton qui exerce la juridiction* ». C'est en dernier lieu seulement que l'on a fait cette addition. Elle se trouve en complet désaccord, au fond, avec la disposition précédente, qui a pour objet de donner une indication utile à la justice étrangère. Elle ne peut, semble-t-il, s'expliquer que de la façon suivante : Les derniers rédacteurs du texte, perdant de vue le sens de l'article, et cela précisément parce qu'il était mal formulé, ont cru qu'il prévoyait le cas où la législation étrangère déclinerait toute intervention, aussi bien celle des juges que celle de la loi du pays, dans les affaires concernant les Suisses en matière de droit des personnes, de droit de famille et de droit successoral. L'article, en somme, comprend deux dispositions répondant à deux situations contraires.

II. Les articles 29 et 30, relatifs à la tutelle, sont ainsi conçus : « *Lorsqu'un Suisse placé sous tutelle quitte la Suisse, l'autorité tutélaire qui jusqu'alors avait exercé la tutelle continue à l'exercer, tant que subsiste le motif de la mise sous tutelle. Les droits attribués par l'article 15 à l'autorité tutélaire du lieu d'origine sont également maintenus.—Lorsqu'il y a lieu d'instituer une tutelle pour une personne qui émigre ou qui est absente du pays, c'est à l'autorité du canton d'origine qu'il appartient d'y pourvoir.* »

Ces dispositions, qui étendent en pays étranger l'application de la loi nationale, sont bien en harmonie avec l'article 10 de la convention franco-suisse du 15 juin 1869, où il est dit : « La tutelle des mineurs et interdits français résidant en Suisse sera réglée par la loi française, et réciproquement la tutelle des mineurs et interdits suisses résidant en France sera réglé par la législation de leur canton d'origine. En conséquence, les contestations auxquelles l'établissement de la tutelle et l'administration de leur fortune pourront donner lieu seront portées devant l'autorité compétente de leur pays d'origine, sans préjudice, toutefois, des lois qui régissent les immeubles et des mesures conservatoires que les juges du lieu de la résidence pourront ordonner. »

III. L'article 31 règle le régime matrimonial. Il prévoit trois hypothèses :

La première est celle où des Suisses établis en pays étranger y contractent mariage. « *Les rapports pécuniaires des époux suisses dont le premier domicile conjugal est à l'étranger sont soumis à la loi du canton d'origine, pour autant que le droit étranger ne leur est pas applicable.* » Cette disposition est analogue à celles de l'article 28 concernant le droit des personnes, le droit de famille et le droit successoral. Elle contient deux règles : 1° reconnaissance implicite de l'application de la loi étrangère en vigueur au lieu du domicile ; 2° pour le cas où les tribunaux étrangers auraient à appliquer la loi nationale des époux, ainsi qu'il arrive souvent en France, on leur désigne à cet effet la loi du canton d'origine.

La seconde hypothèse est celle où des époux suisses, après avoir fondé leur régime matrimonial en Suisse, ont émigré. « *Le régime matrimonial établi en Suisse entre époux suisses n'est pas modifié par le transfert du domicile conjugal à l'étranger, pourvu que le droit étranger ne s'oppose pas à son maintien.* » Deux règles encore : 1° reconnaissance du droit que la législation locale peut s'être attribué de modifier le régime matrimonial déjà établi, d'après un système se rapprochant ou s'écartant plus ou moins de celui qu'ont institué les articles 19 à 21 de la loi ; la jurisprudence française le laisserait intact ; 2° si la législation locale permet le maintien du régime matrimonial antérieurement établi en Suisse, les tribunaux étrangers sauront que, de son côté, la loi suisse déclare que ce régime est demeuré le même. Cela se conçoit : le nouveau domicile étant à l'étranger, la loi suisse n'avait plus à se préoccuper de l'intérêt des tiers.

La troisième hypothèse est celle où des époux suisses ont eu leur premier domicile conjugal à l'étranger, puis viennent s'établir en Suisse. « *Les époux suisses qui transfèrent leur domicile de l'étranger en Suisse continuent à être soumis, en ce qui concerne leurs rapports entre eux, au système qui leur était applicable à l'étranger. Il leur est toutefois loisible de faire usage de la faculté accordée par l'article 20. Leur situation vis-à-vis des tiers est réglée par l'article 19, alinéa 2.* » C'est l'application pure et simple du système des articles 19 et 21 de la loi, consistant en une distinction des rapports mutuels des époux et des rapports des époux avec les tiers qui, dans la pratique, sera sans doute pleine d'inconvénients.

A ces quatre articles de la loi fédérale du 25 juin 1891, il convient d'ajouter l'alinéa 1ᵉʳ de l'article 10 de la loi fédérale du 22 juin 1881 sur la capacité civile, ainsi conçu : « Les dispositions de la présente loi s'appliquent à tous les ressortissants suisses, soit qu'ils résident en Suisse, soit qu'ils demeurent à l'étranger. »

III.

Le *Titre troisième* de la loi, formé des articles 32 à 34, traite « *Des rapports de droit civil des étrangers en Suisse* ». La règle principale est dans l'article 32, aux termes duquel « *Les dispositions de la présente loi sont applicables, par analogie, aux étrangers domiciliés en Suisse.* »

Des restrictions y sont apportées par les deux articles suivants :

ART. 33. — *La tutelle constituée en Suisse pour un étranger doit être remise à l'autorité compétente du lieu d'origine, sur la demande de celle-ci, à condition que l'État étranger accorde la réciprocité.*

ART. 34. — *Sont réservés les dispositions spéciales des traités et l'article 10, alinéas 2 et 3, de la loi fédérale sur la capacité civile, du 22 juin 1881.* L'article 10 de la convention franco-suisse du 15 juin 1869, relatif à la tutelle, a été précédemment rappelé ; l'article 33 de la loi propose de le généraliser. Quant aux alinéas 2 et 3 de la loi fédérale du 22 juin 1881, ils sont ainsi conçus : « La capacité civile des étrangers est réglée par le droit du pays auquel ils appartiennent. Toutefois l'étranger qui, d'après le droit suisse, possèderait la capacité civile s'oblige valablement par les engagements qu'il contracte en Suisse, lors même que cette capacité ne lui appartiendrait pas selon le droit de son pays. » Cette application de la loi nationale est remarquable, mais fort incomplète. Le système adopté revient à ceci : l'étranger, pour les engagements qu'il contracte en Suisse, est soumis à celle des deux lois en conflit d'après laquelle l'obligation est valable (1).

---

(1) Je dois à l'obligeance de M. Lardy, Ministre de Suisse en France, la communication de décisions judiciaires fort intéressantes qui ont été rendues, l'an dernier, en matière de tutelle, entre époux de nationalité russe. Une demande en interdiction pour cause de prodigalité ayant été formée par la femme contre son mari domicilié à Genève, le Tribunal et la Cour de Genève la déclarèrent non recevable. Ils alléguèrent que la capacité civile des étrangers est réglée par le droit du pays auquel ils appartiennent ; que le respect du statut personnel d'un étranger est un principe fondamental du droit international ; que la demanderesse n'avait pas établi qu'en droit russe l'interdiction pût être prononcée pour cause de prodigalité ; que, d'après l'article 32 de la loi fédérale du 25 juin 1891, les disposi-

IV.

Il résulte de l'analyse des dispositions concernant le conflit des lois suisses avec les lois étrangères qui vient d'être faite que le principe adopté en droit intercantonal, à savoir la prédominance de la loi du domicile, a été étendu au droit international.

Il faut toutefois remarquer que l'application, à ce point de vue, en sera fort limitée.

Tout d'abord, en deux matières qui sont en dehors du cadre de la loi et qui ont une très grande importance, la capacité civile et le mariage, c'est la loi nationale qui, sans être exclusive, est du moins prépondérante. Pour la capacité civile, je viens de rappeler l'article 10 de la loi fédérale du 22 juin 1881, soit à l'égard des Suisses à l'étranger, soit à l'égard des étrangers en Suisse. Quant au mariage, il résulte des articles 37, 25 et 54 de la loi du 24 décembre 1874 que, d'une part, les étrangers qui se marient en Suisse doivent se conformer aux prescriptions de leur loi nationale et que, d'autre part, les Suisses qui se marient en pays étranger peuvent suivre ou la loi suisse ou la loi locale.

De plus, même dans le domaine de la loi du 25 juin 1891, non seulement, par analogie avec les dispositions des articles 8 et 9, la

tions de cette loi ne sont applicables aux étrangers que par analogie, c'est-à-dire s'il y a analogie entre le statut personnel des étrangers et celui des citoyens suisses. Le Tribunal fédéral a décidé, au contraire, que, d'après l'esprit comme d'après le texte de la loi, les étrangers domiciliés en Suisse y sont soumis à la loi de leur domicile, spécialement en matière de tutelle, où il est dit formellement par l'article 33 que l'application de la loi suisse n'aura pas lieu dans le cas où un accord international attribuera compétence aux autorités et à la loi du pays d'origine ; en conséquence, aucune convention n'existant à ce sujet entre la Suisse et la Russie, le Tribunal fédéral a cassé la décision de la Cour de Genève (Arrêt du 7 juillet 1893, rapporté par le *Recueil des arrêts du Tribunal fédéral*, année 1893, p. 480). C'est une application parfaitement juridique de la nouvelle loi ; les mots « par analogie » insérés dans l'article 32 signifient simplement que, dans la pensée du législateur, le droit international est assez semblable au droit intercantonal pour que des règles faites principalement en vue de ce dernier puissent y être étendues. C'est tout à fait l'esprit dans lequel a été réglementé le droit international. Mais, en général du moins (des réserves sont possibles quant à la tutelle), cette assimilation ne s'imposait nullement en raison, comme j'essaierai ci-dessous de le démontrer, et l'on conçoit qu'elle rencontre des résistances ; il pourra arriver de nouveau que des juges, s'inspirant des principes communément admis en droit international privé, méconnaissent le droit positif établi par la loi du 25 juin 1891.

loi nationale est seule applicable en matière d'état civil, de filiation et d'obligation alimentaire, tant aux étrangers en Suisse qu'aux Suisses à l'étranger, mais en outre, sur les autres points, pour les Suisses domiciliés à l'étranger, l'application de la loi du domicile de la part de la justice étrangère est non pas exigée (ce qui d'ailleurs était impossible) mais seulement acceptée ; si la just'ce étrangère consent à appliquer la loi nationale des Suisses, loin d'y contredire, on s'y prête en désignant, à cet effet, la loi du canton d'origine ; et, me semble-t-il encore (c'est dit incidemment dans l'article 28, n° 2), si la justice étrangère décline sa compétence, il va de soi que les tribunaux suisses, appelés à statuer, appliqueront à leurs compatriotes la loi de leur canton d'origine.

Le principe n'aura donc qu'une portée restreinte. Pour les étrangers en Suisse, il sera appliqué, sauf conventions, à la capacité de la femme mariée, à la capacité de tester, à la puissance paternelle, à la tutelle, au régime matrimonial, à la succession mobilière. Quant aux immeubles des successions situés en pays étranger, la disposition de l'article 28, n° 1, aura sans doute pour conséquence l'abstention des tribunaux suisses, quand même l'étranger défunt serait mort domicilié en Suisse. Lorsqu'il s'agira de la succession d'un Français, en vertu de l'article 5 de la convention franco-suisse du 15 juin 1869, les tribunaux suisses ne pourront pas statuer, même à l'égard d'une succession mobilière.

Si les auteurs de la loi de 1891 avaient considéré que l'extension au droit international du principe adopté par la Constitution pour le droit intercantonal n'aurait que cette médiocre importance et que, d'autre part, le conflit des lois d'un pays avec les lois étrangères n'offre pas absolument le même caractère que le conflit de ces lois entre elles, peut-être n'auraient-ils pas fait une assimilation dont la justesse est fort contestable. Mais ils n'y ont pas pris garde ; ne s'étant préoccupés du droit international que d'une façon incidente, l'ayant rattaché à leur projet primitif comme une matière accessoire, ils n'ont pas assez réfléchi aux raisons qui auraient dû leur faire admettre, à ce point de vue, de tout autres règles ; ils ont posé à l'égard de deux domaines juridiques très différents un seul et même principe.

Les motifs qu'ils en donnèrent à l'origine furent superficiels ou inexacts. Le Conseil fédéral, dans son message du 25 octobre 1876, disait : « L'article 15, enfin, soumet les étrangers, en tant que les traités, comme par exemple celui conclu avec la France, ne s'y opposent pas, aux mêmes dispositions que les Suisses établis ou en séjour. Une ligne de conduite nettement tracée est ici d'autant plus nécessaire pour le juge, dont la tâche deviendrait trop compliquée s'il devait connaître et appliquer les législations de pays étrangers. En soumettant les étrangers à la législation du lieu du domicile, le projet suit l'exemple de la plupart des législations étrangères. »

Dans son message du 28 mai 1887, le Conseil fédéral avoua que cette dernière assertion n'était pas fondée, mais il la remplaça par une considération qui n'avait aucune valeur. « Il faut bien reconnaître, dit-il, qu'aujourd'hui le principe de la nationalité semble reprendre quelque faveur dans le droit international privé ; il est surtout préconisé par les jurisconsultes italiens, Mancini en tête. Cependant, pas plus aujourd'hui qu'il y a neuf ans, nous ne devons méconnaître une chose : c'est que l'État moderne tend à mettre d'une manière égale tous les habitants du pays, les étrangers comme les indigènes, au bénéfice de sa législation ». Cela est vrai quant à l'octroi de la jouissance des droits privés ; mais autre chose est cette matière, autre chose le conflit des lois ; on ne saurait trop se garder de confondre ces deux ordres d'idées. Le Conseil fédéral insista surtout, ensuite, sur l'utilité que présente l'intervention des autorités locales à l'égard des étrangers incapables ; elles peuvent et doivent les placer en tutelle. « Ce qui importe ici, c'est le rôle humanitaire que joue l'État en faveur de tous les habitants de son territoire ». Soit ! Mais pourquoi ne pas appliquer la loi nationale, au moins dans la mesure du possible ? Et, d'ailleurs, ce qui convient à la tutelle convient-il également aux autres matières ?

. Lorsqu'il fut bien décidé que le conflit des lois suisses avec les lois étrangères serait réglementé et que l'on y étendrait le principe consistant en la prédominance de la loi du domicile, les deux rapporteurs de la commission nommée par le Conseil national, MM. Forrer et Jolissaint, crurent qu'il était nécessaire de justifier sérieusement une règle aussi contraire à l'opinion générale et qui, suivant l'expression de M. Forrer, serait sans doute considérée comme une hérésie (1). Mais, volontairement ou non, ils s'abstinrent de séparer à cet égard le droit intercantonal du droit international, en sorte que, après avoir eu quelque peine à démêler les raisons propres au premier de ces deux domaines, nous nous retrouvons ici en présence d'une confusion d'idées qui tout à la fois a influé sur la détermination prise par le législateur et obscurci sa pensée.

(1) Rapport de M. Forrer, en date du 12 juin 1888 ; Rapport de M. Jolissaint, en date du 14 juin 1888.

Il faut tout d'abord distinguer une raison qui certainement a été donnée comme générale et qui, de plus, a été la raison capitale et vraiment décisive. C'est la nécessité. M. Forrer embrasse d'un coup d'œil tous les conflits de lois, lorsqu'il s'écrie : « Ce serait une monstruosité s'il fallait qu'à Bâle-Ville les soixante-dix centièmes et à Genève les cinquante-sept centièmes de la population totale soient régis, dans d'importants domaines du droit civil, par des législations étrangères et jugés en conséquence » ! Eh bien, cette raison, très forte à l'égard du conflit des lois suisses entre elles, quand elle s'allie à la disparition progressive de l'idée de nationalité cantonale et au besoin d'unité de législation, perd une grande partie de sa valeur en droit international, alors qu'il ne peut être question d'unification du droit et que les lois étrangères sont l'expression de nationalités bien accusées et profondément différentes. Si des principes supérieurs de justice, alors, commandent le respect des lois étrangères, la difficulté que peuvent éprouver les juges à connaître et à appliquer ces lois n'est qu'une considération secondaire. En France, en Belgique, dans les Pays-Bas, en Italie, en Espagne, elle n'a pas prévalu sur le droit ; pourquoi n'en serait-il pas de même en Suisse ? Mais, ajoute M. Forrer, « l'État, en faisant application de sa souveraineté en matière de droit privé, consolide de la sorte la sécurité de droit. Elle consiste pour nous en ce que nous savons à quoi nous en sommes, et par quel droit nous et nos opérations sommes régis, lorsque nous traitons avec des tiers, faisons du commerce, donnons ou recevons du crédit. Mais il n'y a plus de sécurité de droit ni d'encouragement et protection des relations là où l'on doit d'abord se demander si les tiers sont indigènes ou étrangers et, dans ce dernier cas, ce que dit le droit de leur lieu d'origine ». A cela deux réponses : en premier lieu, le besoin de sécurité que peuvent éprouver les indigènes ne concerne pas les rapports des étrangers entre eux ; et, quant aux rapports des indigènes avec les étrangers, des tempéraments peuvent être apportés à l'application de la loi nationale propres à écarter ce qu'elle pourrait avoir d'injuste.

Les considérations utilitaires sont impuissantes à contre-balancer les idées de droit, de justice. On l'a sans doute compris, car on a essayé de fonder aussi sur le terrain même du droit le principe que l'on voulait établir. M. Forrer, surtout, s'y est appliqué en disant : « Si le principe de la loi d'origine se justifie dans l'intérêt du citoyen, de l'individualité, le principe du domicile répond à la notion de la souveraineté de l'État... Le règne, la souveraineté de la législation civile d'un État doit s'étendre jusqu'à la frontière. La souveraineté en matière de droit privé constitue une part essentielle de la souveraineté. Plus un État tient un rang élevé dans la civilisation et la culture, plus il s'empressera d'accorder aux étrangers une situation juridique se rapprochant de celle des indigènes ou même l'égalant. Mais il tolérera en revanche d'autant moins des droits étrangers et des fors étrangers sur son territoire; car ceci constituerait un privilège des étrangers et par contre-coup serait blessant et causerait un dommage pour les indigènes, qui, placés sous les régles générales de la législation du pays, n'ont pas la faculté de les remplacer par un droit plus commode ou plus favorable ».

Cette théorie peut se résumer en deux mots : la souveraineté de l'État est territoriale; absolument et strictement territorial par conséquent doit être l'empire de la loi. C'est l'opposé de la doctrine italienne moderne, d'après laquelle il faut, avant tout, dans le conflit des lois, considérer la souveraineté personnelle des États et poser en principe la prédominance de la loi nationale.

Cette théorie est en harmonie, d'après M. Forrer, avec les progrès de la civilisation. C'est aussi le sentiment de M. Jolissaint, qui l'exprime de la façon la plus explicite en ces termes : « Presque tous les États, lorsqu'ils présentaient encore un caractère simple et primitif, lorsque les moyens de communication étaient difficiles, en l'absence des voies ferrées, ont donné la *préférence* au principe de la *nationalité*. Mais, lorsque la situation juridique et politique est devenue plus compliquée, lorsque l'émigration d'État à État a été favorisée et stimulée par l'amélioration des voies de communication, par l'établissement des chemins de fer, ils ont échangé ce système de la *nationalité* contre celui de la *territorialité*... » M. Jolissaint reproduit, ici, l'allégation émise par le Conseil fédéral, savoir que les rapports provenant du *servage* ont été l'origine de ce qu'il appelle la *nationalité*. Les *bourgeoisies* auraient été également, suivant lui, « une cause de la faveur dont le principe de l'origine a joui pendant longtemps ». Puis, un peu plus loin : « Cette large application du principe moderne de la *territorialité* en opposition au principe de la *nationalité* que nous a légué le droit féodal du moyen âge... est une conséquence nécessaire de la transformation sociale qui heureusement s'est opérée par suite de la liberté d'établissement, du développement de l'industrie et du commerce et de l'amélioration des voies de communication ».

Ces idées sont partiellement exactes, sous les réserves précédemment exprimées, à l'égard de l'évolution qui s'est produite en Suisse. Mais M. Jolissaint les expose en termes généraux, après avoir émis et comme pour développer cette assertion : « L'Allemagne et d'autres pays ont fait les mêmes expériences que nous ». Or, appliquées à l'histoire du droit international, elles sont, à mon avis, justement le contraire de la vérité. C est la territorialité stricte et absolue du droit qui est le système féodal et qui remonte au moyen âge. Elle dut régner du Xe au XIIIe siècle, sans autre tempérament que le sentiment individuel et intermittent de la justice. Vers la fin du XIIIe siècle, mise en contact avec la doctrine italienne, qui faisait une place à la personnalité du droit, elle en subit l'influence. Mais, à la fin du XVIe siècle, à la suite de la rédaction des coutumes et grâce à l'ascendant d'un jurisconsulte féodal et breton, d'Argentré, elle reprit l'avantage. Puis, au XVIIe siècle, elle passa, plus stricte et rigoureuse encore, dans les écrits des Hollandais Voet et Huber, jurisconsultes également pénétrés de l'esprit féodal. Enfin, de nos jours, elle se retrouve dans la coutume féodale de l'Angleterre, où elle forme la base de la jurisprudence. D'autre part et à l'inverse, c'est la personnalité des lois qui est le système moderne. Admise autrefois, dans une certaine mesure, par l'ancienne doctrine italienne, elle alla se développant peu à peu, malgré les temps d'arrêt que lui fit subir l'idée féodale de la territorialité du droit; à la fin du XVIIIe siècle, en France, elle avait fait de grands progrès; de nos jours, elle forme l'essence même de la doctrine toute récente qui s'est produite en Italie. Contenue dans de justes bornes, elle a été admise non seulement par le Code Italien de 1865, mais aussi, en 1887, par le projet de révision du titre préliminaire du Code belge et, en 1889, par le Code civil d'Espagne; elle a conquis les suffrages des savants de l'Allemagne; elle a été adoptée, en 1880, par l'*Institut de droit international;* adoptée encore, ce qui est d'importance capitale, en matière de mariage et de succession, par une Conférence tenue à La Haye, au mois de septembre 1893, dans laquelle étaient représentés treize États de l'Europe, y compris la Suisse. M. Jolissaint disait, en 1888, que la Suisse devait régler le conflit de ses lois, afin de se mettre en état « de se présenter dignement à une conférence internationale ». Il avait raison. Mais il aurait dû prévoir que, dans cette conférence, la loi du domicile mise en présence de la loi nationale n'aurait pas la victoire.

L'histoire de la civilisation, au point de vue du Droit international privé, condamne donc le principe de la territorialité des lois, loin d'en proclamer l'excellence. Et cela devait être. L'esprit féodal seul a pu faire considérer l'admission des lois étrangères comme incompatible avec la souveraineté territoriale. Il n'est nullement de l'essence de la souveraineté territoriale d'avoir dans le domaine du droit un empire absolu; il lui suffit pour demeurer intacte que l'ordre public ne soit pas compromis par l'application de telle ou telle loi étrangère. Et l'ordre public, en général, ne souffrira pas de l'application des lois étrangères en ce qui concerne l'état des personnes, leurs rapports de famille, leur capacité, la transmission successorale ou testamentaire de leur patrimoine, leur régime matrimonial. Au surplus, l'admission des lois étrangères, quand elle a lieu, sous la réserve qui vient d'être indiquée, ne porte aucune atteinte à la souveraineté territoriale, puisqu'elle a lieu non sur l'ordre d'une souveraineté étrangère, mais au nom précisément de la souveraineté locale.

M. Forrer objecte que réserver aux étrangers des lois autres que les lois territoriales, ce serait constituer à leur profit un privilège. C'est comme s'il disait que respecter chez les étrangers leur qualité même d'étrangers et les traiter comme tels, par exemple les exempter du service militaire, c'est établir des inégalités en leur faveur. Lorsque l'on soustrait certaines personnes à l'application de lois qui n'ont pas été faites pour elles, on ne fait pas autre chose que bien administrer la justice.

M. Forrer ajoute que les étrangers, après un séjour prolongé, s'assimilent aux indigènes et dans leurs mœurs et dans leur connaissance du droit; qu'ils en arrivent même à oublier les lois de leur patrie; que, d'ailleurs, ils ne sauraient se plaindre d'être soumis au droit du pays où ils ont librement fixé leur domicile, sachant ou devant savoir que ce droit deviendrait le leur. C'est ne pas prendre garde que le statut personnel est inhérent à la nationalité et indépendant des volontés individuelles (1).

Ainsi, rien ne saurait justifier l'extension au droit international du principe qui pour le conflit des lois suisses entre elles pouvait être légitime. Ni la loi fédérale du 25 juin 1891 ni la théorie sur laquelle on l'a appuyée ne prévaudront contre le mouvement des esprits qui, après tant de progrès récents, s'est encore affirmé dernièrement dans la Conférence de La Haye. Il y a plus, on peut sans témérité prédire que la Suisse elle-même, le jour où elle se donnera un Code civil, y inscrira à son tour, en ce qui concerne l'état des personnes et tout ce qui en dépend, le principe que la science et les codes modernes ont adopté : l'empire de la loi nationale.

(1) Comp. la dissertation de Henri Jacques, dans *Revue de droit international*, 1886, p. 563 et s.